大学教育与知识的未来

[美]安德鲁·阿伯特 著
王桐 陈嘉涛 等译 解斯羽 校

生活·讀書·新知 三联书店

Simplified Chinese Copyright © 2023 by SDX Joint Publishing Company.
All Rights Reserved.
本作品简体中文版权由生活·读书·新知三联书店所有。
未经许可,不得翻印。

图书在版编目(CIP)数据

大学教育与知识的未来/(美)安德鲁·阿伯特著;王桐等译.—北京:生活·读书·新知三联书店,2023.1 (2024.1 重印)
(三联精选)
ISBN 978-7-108-07481-2

Ⅰ.①大… Ⅱ.①安…②王… Ⅲ.①高等教育-研究 Ⅳ.① G64

中国版本图书馆 CIP 数据核字(2022)第 169621 号

责任编辑	王晨晨	
装帧设计	薛 宇	
责任校对	常高峰	
责任印制	董 欢	
出版发行	生活·讀書·新知 三联书店	
	(北京市东城区美术馆东街 22 号 100010)	
网 址	www.sdxjpc.com	
图 字	01-2022-6909	
经 销	新华书店	
印 刷	北京隆昌伟业印刷有限公司	
版 次	2023 年 1 月北京第 1 版	
	2024 年 1 月北京第 2 次印刷	
开 本	880 毫米 × 1092 毫米 1/32 印张 8.375	
字 数	152 千字	
印 数	5,001-7,000 册	
定 价	49.00 元	

(印装查询:01064002715;邮购查询:01084010542)

目录

序　言　1

第一章　大学教育的目的　10

第二章　教育的宗旨：师者的视角　43

第三章　出版与知识的未来　102

第四章　正典与简化　134

第五章　学术作为理念与学术作为日常工作　166

第六章　知识的未来　194

第七章　瞿同祖论法律的理论与实践　229

第八章　陈达与南洋　241

第九章　费孝通的两村　251

序　言

1933年是罗伯特·帕克（Robert Park）教授从芝加哥大学退休前的一年，这年他在燕京大学访问了一个学期，教授社会学，费孝通是其中一位学生。那时，费孝通即将与王同惠结婚，并远赴广西进行关于瑶族的田野考察。调查结束时，妻子意外身亡，费孝通险些丧命。开弦弓村的研究成为他走出伤痛的寄托，也成为他的博士论文题目，并由此开启了漫长而卓越的学术人生。十年过后，费孝通在美国国务院的资助下访问芝加哥大学，置身于帕克教授曾经的办公室。费孝通给当时已八十岁高龄的帕克写了一封信：

> 当您在中国燕京大学任教时，我是您的学生。那时，我是一个普通的大学生，没有什么出众的地方使您注意到我。然而，可以说，我并不是唯一一个受到您启发的人。我们得知您回美国时，特意编辑了一本小书，名为《帕克的社会学》。当中，我负责翻译了您写的关于中国和社会学的文章。这些事都发生于1933年，整整十年前……现

在我正在您的办公室［Social Science 502］里工作。一种人类的命运感向我袭来,这感觉就像梦境,但这梦有些许真实……一个来自民俗社会的人必然为这面墙壁后的历史着迷。我一直感觉,我在您的精神之下工作着。(信件,1943年11月15日,Robert Park Papers,芝加哥大学)

跟芝加哥大学的前辈帕克教授一样,我发现自己跟中国的关系越来越亲近。我有很多来自中国的博士生,他们总是不断重燃我对中国的热情。这一兴趣的源头,便要从半个世纪前说起。那时候,我对费正清的课特别热衷。其中,中国社会的知识演化和高等教育令我最感兴趣,这些也是我现今课题研究的重心。

这本书收录了我在这方面的部分研究成果,分为三部分。第一部分(第一、二章)讨论了本科教育的一些问题;第二部分(第三至六章)则是关于研究生层面的知识;最后一部分(第七至九章)探讨了三位闻名于世的中国社会学家。

在第一部分,我特意选取了两篇文章,一篇是为学生讲的,另一篇的写作对象则是教职人员。前者是2002年我在芝加哥大学"教育的目的"讲座的讲稿。这是1961年以来一系列年度演讲中的第42届,由本科生学院院长挑选出来的教授在秋季迎新周中为新入学的本科生演讲。所有新生都必须出席,并在这之后在宿舍里对演讲内容进行小组讨论。我受邀时得到的信息就只有标题的几个字——"教育的目的",仅此而已。在演讲中,我提出一个较为激进的观点:被芝加哥大学这样的精英大学录取已经能够保证学生将来获得外在成功的人生,因此,在大学里,学子应当追求的是内在的充实和智识的善。"教育"是不能用其他符号定义的东西,教育除了它自身没有其他的目的,教育本身就是目的。

这篇演讲为学生定义了教育的目的。相比较而言,教师在一定程度上已经获得了教育,其任务便是将教育传递给年轻人,因为教育并不能直接教授,它不是一种需要被记诵或掌握的材料体系。相反,教育是一种立场、态度、存在的方式。在第二章,我遂展开对"旨在教育"(aims for education)而非"教育之旨"(aims of education)的论述,追问教职人员如何把教育这一不可教授的"存在的方式"传递给学生们。我思考了不同类型的课程,专业教育和通识教育各自的价值,以及实用教育和博雅教育的问题。另外,我亦考虑到知识过剩和减少负荷的机制。我也反思了"教育之旨"在教职人员的立场上的意义,教职人员必须教授学生的技能,以及这些技能何以令学生最大程度获得对教育本身的深刻感受。

本书的第二部分涉及广义上的知识。前两篇文章讨论了学术知识世界本身直接关注的问题,第一篇更聚焦于学术出版,这篇文章的内容原本来自一个为美国大学出版社联会举办的讲座，当中我先以美国学术生活的简史作引子，然后转而讨论对支撑学术生活而言必要的出版模式。我留意到这种出版模式已经持续了一整个世纪，如学术出版的运作模式、学者中的人均出版率（早在我演讲的十年前已经开始上升）和对此系统的怨言。但是，这一系统中的某些方面早已改变：现在学者的人数比一百年前涨了十倍，大学出版社规模逐渐壮大并更有影响力，学者们不断尝试提高文章的总体出产量。最后，演讲在末日式未来的讨论中完结。

此部分的第二篇文章则以理论形式探讨了应对知识过剩问题的两个基本学术策略。一为正典，即谨慎地从历史文海中提炼出最精华的部分，要求学术圈（学者与学生）对其反复雕琢，直至书中的一字一句都能被完全掌握。二为文摘，即保留对庞大知识量的苛求，转而以被消化过再重新修订的简化经典作为主要的阅读文本。文章先从两者的历史背景开始，再辅以不同例子进行阐述，强调两者在西方学术史——尤其在中世纪，甚至古代——中占据的位置。同样地，中国在历史上也十分重视此两大策略，千百年来，各种各样的经典文本被设为科举考试的正典，而且自6世纪起各个强盛的王朝都延续了类书的编纂。这些历史深刻地提醒了我们，信息泛滥从不是现代独有的困境，数千年来人类早已对供过于求的知识感到厌腻。

第三篇文章从理论转向现实,向读者展现正典与文摘在学术生活中的实践。此文内容最初是我在北京大学人文社会科学研究院揭幕仪式上的演讲词。我借那次机会重新反思了为什么这类研究机构更容易造就创新。举例来说,1929—1970年间在芝加哥大学成立的社会科学楼为日后芝加哥学派社会学和经济学的长期发展提供了养分。尽管芝加哥学派的政治科学和芝加哥风格的人类学的影响与寿命不如社会学和经济学,但两者都同样受到这座社会科学楼的润泽,后者更发展为美国人类学的巅峰和主流,甚至说它本身就定义了整体的美国人类学,所以无人费心为其特意起新的名字(这些都发生在芝加哥社会科学的伟大时代,即我先前提到的,费孝通访问美国的时候)。我把这样惊人的成功归于几项因素,而当中最主要的,必然是社会科学楼把一众社会科学家凝聚起来这个事实,这使他们能够互相刺激与竞争。学科之间的交流和竞争,加上图书馆就在咫尺之间,为卓绝的学问提供了沃土。

众所周知,学院派的精英知识与普通大众特有的各种形式的日常专业知识往往互相对立。由此作切入点,第四篇文章厘清了专家知识和业余知识之间的关系,并继续讨论后者现时在美国的空间有多大。文章分析了1920年至1930年美国的精英知识界把自己从"业余"的标签中解放出来的这段时期,并以"知识异化"这一新创的词语来形容我们的专家一方面透过社会和历史动力来解释研究主体的行为，另一方面却以康德式的纯粹自由个体自居这个状况。因此，恢复与行外人知识的互动如何能为今日某些疲态尽显的人文与社会科学奉上解药，这篇文章探求的就是这个问题。

本节的最后一篇文章将思考今天知识的社会过程所涉及的各个层面，对求知和知识的未来展开眺望。文章先驳斥世界正处于知识革命这一空洞而无力的想法，因为我们从来不难得知，自18世纪后，知识便一直处于"革命状态"，不论是通讯、媒体、科技改革或知识工具。我接下来探讨了求知之人，被知之物，知识和求知过程。在这些领域有一些长期存在的趋势：比如迈向更为社会性的（与自然科学相对的）知识的倾向，求知之人形成组织的倾向，知识的戏码会越来越像商品（比如数据库）的倾向，把知识越来越想象为一种商品的倾向，以及从话语性的求知（逻辑的，语言的）向口述和图画性求知（图片为基础）转变的倾向。而其他的主要趋势则是周期性出现的：在新的层面涌现的知识细节，迈向新的集体求知的推动力，科学作为无所不适的模式，以及求知的基本定义变为演算，而不是联合。上述情况就像钟摆一般来回摆动，他们也许今天向此方摆动，明天又会摆向另一方。文章在结束前提出一个新的观察，现今世界存有一套联系着20世纪美国和美国式大学致知体系的知识典型。我深信这类典型的存在，但它早已走过了顶

序　言

峰，现在也正在走下坡。我们对于知识的未来仍然存疑，因此我认为推想出下一个知识体系的出现，正是我们当下的任务。

本书第三部分收录了三篇对中国社会学家的评析。我在美国社会学期刊担任了多年的编辑，遍阅美国顶尖的社会学研究，但在2009年，我发现当下的美国社会学变得越来越狭隘，并为此感到担忧。首先，这是一种时间的狭隘性，即一种对过去社会学经典的系统性遗忘，尤其对于那些处于现今美国社会学最注重的实质性范围以外的作品。其次，这亦是一种地域的狭隘性，忽视美国以外的世界其他角落。我曾为自己定下一个目标，要为不同的古老书籍写读后感，而在2010年7月以后，更是特意为出生于美国以外的作者的书籍写读后感。为了增添一些乐趣，这一系列的读后感都以芭芭拉·塞拉伦特（Barbara Celarent）作笔名面世。（这个名字取自中世纪僧侣为了记住正确的直言三段论所用的代号，只不过芭芭拉同时也是一个平常的女性名字。）

这三篇文章评析的中国社会学家分别是瞿同祖、陈达和费孝通。我不打算在这里概述三篇文章，以免扫读者们的兴，不过三人的确是伟大的学者，尝试总括他们的学术贡献必是徒然。尽管这三人仅是一个庞大的学者体系中的小样本，而且是一个很大程度上受翻译的不确定性影响的样本，但是当读者把三篇一并阅览时，仍然能够了解到一些20世纪初期中国社会学想象力的深度。

在撰写这三篇评析时,我真切感受到费孝通在信中所言的人类命运。事源是我曾收到过费孝通的两本书,分别是《江村经济》和《云南三村》[1](*Earthbound China*,其中费孝通写了第一篇社区研究和结论),后者更是费孝通特意献给自己三位老师的著作,包括史禄国、马林诺夫斯基和帕克。此书内容包含了原本以中文出版的三篇研究的翻译版本,而翻译工作正是费孝通在1943年至1944年间访问美国,写下此序言开篇所摘引的书信期间进行的。

尽管我的评析参考的是图书馆版本的《云南三村》,但我实在太喜爱此书,所以我索性在网上买了一本,价格14美元。收到书时,我在扉页上发现了四列潦草的中文。我的同事赵鼎

---

[1] 关于《云南三村》和 *Earthbound China* 的比较说明。*Earthbound China* 收录了费孝通和张之毅在云南内地农村调查的三部报告:《禄村农田》、《易村手工业》和《玉村农业和商业》。前两份报告作为吴文藻所创"社会学丛刊"乙集第二种的一部分,分别于1943年和1944年由重庆商务印书馆以中文首次出版(《易村手工业》刊行时,作者作"张子毅",为张之毅别名),《玉村农业和商业》则没有正式出版。1944年费孝通访美期间,以英文把这三份报告写成 *Earthbound China* 一书,1945年由芝加哥大学出版社出版,后来收入英国 Kegan Paul 书局的"国际社会学"丛书。英文版出版时,张之毅重新校阅了《玉村农业和商业》的旧稿,实际上重写了该书。*Earthbound China* 当中有费孝通为该书新写的前言、导言和结论。而费孝通为《禄村农田》和《易村手工业》初版分别撰写的导言则没有保留,仅有对两田野地点的简单介绍。(转下页)

新告诉我,我可能偶然地买到一本费孝通本人在1980年为赠予知名马克思主义人类学家埃里克·沃尔夫(Eric R. Wolf)而亲自题字的版本(费孝通因获颁马林诺夫斯基奖而重回美国)。确实,我能认出沃尔夫在封面内页的签名。

所以,看来我与中国社会学的联结是命定的。也许这本关于教育和知识的小书早在我出生之前就联结了命运的锁链。我希望如此。

(接上页)从内容上看,《禄村农田》初版(1943)含12章,*Earthbound China* 中的对应部分是 Part I,Luts'un: A Community of Petty Landowners(该书第1—11章),中文版的八、九章——分别为生计、生计(续)——合并为了 Family Budgets(英文版第8章)。

《易村手工业》初版(1944)包括序言和正文11章,*Earthbound China* 中的对应部分是 Part II,Yits'un: Rural Industry and the Land(该书第12—21章),对应于中文版第2至第11章,略去了中文版的序言和第1章(调查的经过和方法)。

《玉村农业和商业》首次公开出版的版本即是 *Earthbound China* 中的 Part III,Yuts'un: Commerce and the Land(该书第22—28章)。这份报告的第一个中文版首见于《云南三村》(天津人民出版社,1990),分为八章,比英文版多出了最后一章,"资金利用和土地权的集中"。

本书为方便理解,统一将 *Earthbound China* 一书译作《云南三村》,但实际上两书略有区别,敬希读者留意。

第一章　大学教育的目的 *

欢迎来到芝加哥大学。在许多将要对你们说这句话的人中，我是唯一一个将要在接下来的 60 分钟内一直不停讲下去的人。可以想象你们以前很少听过这样的演说，以后也不会有多少机会听到。对一个固定题目做这样长度的正式演讲是一件相当 19 世纪的事情。甚至在芝加哥大学这样的地方，也是唯一的。四年以后，当你们毕业的时候，你们将会很高兴地知道，演讲者被要求说不多不少恰好 31.5 分钟。

对我来说，做这个演讲不是件容易的事情。这是我这一生所做的第三个或者第四个类似的演讲。你们也不是那么简单的听众。你们专注于新的室友，入学分级考试，还有"芝加哥生活"系列会议。你们的头脑被我们给你们读的那些无穷无尽

---

* 原载《开放时代》2005 年第 5 期，田晓丽译。"教育的目的"演讲是芝加哥大学的传统，在每年新生入学的时候请一位教授为本科新生做专题演讲，引导他们进入芝加哥大学独特的教育传统。一般最有声望的教授才有担任演讲者的资格。本文是安德鲁·阿伯特教授 2002 年所做的演讲。本篇注释均为译者注。

的垃圾搞得疲惫不堪。你们的身体充满了肾上腺素、复合胺而变得兴奋。你们的情绪也很不一样。有些人很迫切地想知道我要说些什么,有些人想它马上结束,有些人在看着坐在你前面两排的那个喋喋不休的家伙,有些人在感受这座哥特式建筑的庄严伟大,有些人在想,我,这个演讲者,有一个很大的鼻子。简而言之,你们是多样化的听众,我是个刚入门的演讲者,我们有一个小时的时间在一起,来想想教育的目的是什么。让我们开始吧。

确立你们自己的教育目的是很重要的,因为对你们这样的学生而言,在未来的四年时间内没必要去学任何东西。这里面有三个原因,越来越多的美国精英学校的学生也都察觉到了,至少我从自己课堂上看到的是这样。让我们来看看。

第一,就世俗的成功而言,你们已经达到了。你们未来的收入会很高,因为进入了一所精英大学,你们将来工作的声望可以很容易预测。每年有280万人从高中毕业,180万人进入大学,其中4万—6万人会进入像芝加哥大学这样的精英大学。所以,你和你的同学们基本上代表了18岁这个年龄群的前2%。很明显,你的将来会很不错。

当然,对你未来的预测不是由大学的声望决定的,而是一些其他的因素,主要是那些决定你能否进入这所大学的因素:个人才能;以前干过些什么;父母所提供的资源,包括社会资源和智力资源。在知道了这些之后，对于你未来的世俗成功的预测不会因你在大学里做了什么而有太大的改变。另外，录取入学本身建立了一种自我实现的预期。因为你被这所大学录取了，不管你做了什么和你在大学里干得怎么样，人们都会认为你很优秀。当然，我们知道，既然来了，你们也会毕业。毕业率也是大学之间竞争的指标之一，这也是为什么不管你们有没有学到东西，学校都会确保你们顺利毕业。

所有这些告诉我，20年以后，几乎你们所有人都会在全美国收入分布的前25%。我对1975年从这个学校毕业的人做过一个调查，那是在声望预期上不如你们的一个群体。他们个人收入的中位数[1]是全美国收入中位数的5倍，他们家庭收入的中位数在全美国家庭收入中位数分布图中93%的位置上。这就是你们的未来。而且我可以告诉你们，在5英里外芝加哥州立大学的孩子们的眼中，或者在位于芝加哥市中心的德保罗大学那些需要每天上夜校的成年人的眼中，这样的预期是极度奢侈的成功。就全国范围的成功游戏而言，你们没有在这里学习的必要。游戏已经结束，你们已经赢了。

---

[1] 中位数是指将资料数据依照由小而大的顺序排列，奇数件则取中间一件，偶数件则取中间两件的算数平均数，因此，资料中有一半的数大于中位数，而另一半小于中位数。

第一章 大学教育的目的

当然,你们中的很多人不关心别人:那些年轻的或不那么年轻的,努力往中产阶级爬上几个台阶的人。你们对住在温内特卡(Winnetka)[2]而不是唐纳斯格罗夫(Downers Grove)[3]感兴趣。你也许想去汉普顿(Hamptons)[4]而不是火岛(Fire Island)[5]避暑。你们心目中的一个好假期也许是住在一个巴黎的酒店并且参观奥塞博物馆(Musee d'Orsay)[6]而不是奥兰多(Orlando)的度假村再去迪斯尼乐园玩一趟。"当然,"你会告诉我,"我在芝加哥大学的学习对这些事情会有很大的影响。它们可以决定我是在全国收入94%的位置还是99%的位置。好的大学教育也许不会影响我大概率取得成功的机会,但是会影响我更具体的目标。"

事实与此恰恰相反。我必须告诉你,没有任何证据支持这第二个受教育的理由,并且有很多的证据反对它。首先,所有严肃的研究显示,一些大学层面的因素,像学校的声望和入学难度等对人们以后的收入会有影响,然而更多的变数发生在同一所大学的内部,也就是说,同一所学校毕业的学生之间差别

---

[2] 美国伊利诺伊州靠近芝加哥的城市,其2000年的家庭收入中位数为167458美元。
[3] 美国伊利诺伊州的一个小镇,其2000年的家庭收入中位数为65539美元。
[4] 位于纽约州长岛的一个海港度假社区。
[5] 纽约附近的度假胜地。
[6] 收集西方世界1848—1914年艺术作品的博物馆。

很大。这种内部差异是由一些个人因素造成的，比如个人天分、资源、表现，还有你的主修科目，而不是学校的声望和入学难度。例如，我所看到的最好的全国数据显示，大学的 GPA 增加 1 意味着大学毕业四年后收入多 9%。就你所要做的那么多工作而言，这不是一个很大的区别。

很抱歉，我用这些收入数据来烦你们，但是我希望能打破这样一个普遍的想法：在高等教育阶段努力学习能带来更多的世俗的成功。唯一跟未来的世俗成功有点关系的一个变量是你的主修专业。但是在大规模的全国性研究中，这种影响大部分源自主修专业和职业之间的联系。真正对世俗的成功有影响的因素——你们都已经知道了——是职业。在全国性的调查中，职业和主修专业有相当紧密的联系。但是在芝加哥大学，专业和你将来的职业并没有多强的相关性。

以下是过去 20 年芝加哥大学校友的数据（随机选择的 10%）。主修数学的：20% 从事软件开发与支持，14% 大学教授，10% 在银行和金融业，7% 中小学教师，7% 在从事非学术性研究，剩下从事的职业很分散。主修物理的情况很类似，只是他们有更多成为工程师，少一些从事银行和金融业。生物专业产生了 40% 的医生，16% 的教授，11% 的非学术性研究者，剩下的三分之一从事的职业很分散。很明显，这里有一些类似的路径。我们有个生物专业的学生现在是个作家，另外一个是

第一章 大学教育的目的

音乐家,我们有两个数学专业的现在是律师,一个物理专业的成为了精神治疗医师。

来看看社会科学。学经济学的——在今天看来最有利于职业的专业——24%从事银行和金融业,15%从事商业咨询,14%成为律师,10%从事商业管理或销售,7%在计算机行业,另外30%的职业很分散。历史专业的学生一般成为律师(24%)和中学教师(15%),但是其他的约60%从事什么行业的都有。政治专业也有24%的律师,7%的教授,7%的政府公务员,20%在各种商业部门中就职,剩下的很分散。令人吃惊的是,心理学专业的也有20%从事商业,11%成为律师,10%成为教授,其余的同样很分散。因此,在社会科学里,很多人毕业后去了法学院或者商学院。这里照例有一些例外:一个主修社会学的成了保险精算师,两个主修心理学的在政府部门,一个学政治学的从事计算机业。

至于人文学科,英语专业的大概是这样:11%在中小学教书,10%从事各种商业,9%从事信息交流,9%的律师,5%的广告业,剩下的比较分散。主修哲学的人中,30%成为律师,18%从事软件业。我敢说没人能解释为什么会这样。同样,专业和职业的联系有些是明显的,有些不那么明显。我们有两个英语专业的学生现在是艺术家,还有一个是建筑师。还有一个哲学专业的学生现在是农场主,另外两个成了医生。

总而言之，有些证据显示特定的专业会带你进入某些特定的行业，但是事实恰恰相反。与其说杯子注满三分之一的水，不如说它留有三分之二的空。主修生物的只有40%成为医生。最重要的是，我们校友的经历显示，没有任何一条从某个专业到某个职业的路是被封死的。

从行业而非专业的角度来看，所修课程和职业之间的弱关系就更加明显了。我们校友中最大的群体是律师——占我的调查群体的12%。在律师中，16%来自经济学专业，15%来自政治学专业，12%来自历史学专业，7%来自哲学专业、英语专业和心理学专业，5%来自公共行政。以下这些专业的学生中都至少有一个人成为律师：人类学，艺术与设计，艺术史，生物，化学，东亚语言与文明，人文学综合研究，地理，地球物理，德国语言文学，数学，物理，宗教和人文，罗曼斯语言与文学，俄语及其他斯拉夫语言文学，社会学。你们现在知道是怎么回事了。绝对没有什么专业是不能让你成为律师的。

医生这个行业怎么样呢？医生占我的调查总人数的9%。医生的专业背景要集中一些，那是因为医学院对入学前所修课程的要求。60%的医生来自生物专业，17%来自化学专业。然而，至少有一个医生原来学的是人类学，古典文献，英语文学（事实上有四个），历史学，科学哲学，数学，音乐，哲学，公共政策，罗曼斯语言与文学。通往医生的主路很明显，但绝不

第一章 大学教育的目的

是唯一的一条路。

校友中另外一个比较大的群体是从事银行和金融业的同学，其中，40%来自经济学专业，8%来自心理学专业，7%来自政治学专业，7%来自英语专业，6%来自数学专业，5%来自公共政策，4%来自历史学专业。同样，这里有一条主路，但是除此之外还有很多别的路。

很抱歉在这里给你们列出这些东西，但是我希望把这样一个观念从你们脑海中除去：你本科学的课程跟你将来的职业有联系。当然，这里有一些社会科学家喜欢说的"选择性亲和力"（an elective affinity），有些专业的学生会比别的人更有可能进入某些特定的行业。但是没有任何专业被排除出去，没有任何必然的路径存在。

所以，第二个以某种特定的方式努力学习的理由也是错误的，至少在这所大学里是这样。对于芝加哥大学任何专业的本科生而言，既然大学（在课程安排上）期望你们成为自然科学教授，那么没有任何行业是不可能的。你在这里干些什么不会以任何方式决定你将来的职业。你离开的时候，可以自由地选择任何此世或彼世的职业，你不会仅仅因为主修跟那个职业没关系的课程而牺牲任何的可能性。

就在大学里的表现而言，没有任何全国性的数据显示大学里的表现水平对之后的收入有哪怕是很微小的影响。根据我的校友数据，在芝加哥大学的 GPA 和现在的收入之间绝对没有任何的联系。简而言之，你将来到底是住在火岛还是汉普顿取决于本科表现之外的一些因素。

我希望我们现在已经否定了这样一个观念：你在这里干些什么以及你干得怎么样和你将来是否取得世俗成功是有关系的。你被这所大学录取这个事实，以及那些让这个事实实现的因素，已经确保了你世俗的成功的总体水平。成功的具体程度取决于你的职业选择，而职业也跟你在这里干些什么以及干得怎么样没有关系。

第三个接受大学教育的理由是，它给你一些对未来很重要的综合的认知能力。因为这是我自己过去论证最多的一个论点，我需要格外小心地去推翻它。

这个论点是：大学教你的不是具体的学科知识，而是一些在将来——研究院中，工作中还有休闲中——能运用的综合能力。大家都知道，大学里学到的具体知识并不重要。所有 30 岁以上的人都知道，就内容而言，大概 5 年内你会忘掉绝大多数你本科时学的东西。但是，那些能力不会丢掉。可能它们不好测量，它们的影响也不好被证明，但是它们是你能从大学里得到的最主要的东西。

人们首先想到的是基本的语言和数字能力，高级的读写能力能让你更好地应对知识社会，良好的数字能力能让你做出理

第一章　大学教育的目的

性的财务选择，这些在一个又一个的专业领域内被证明是有用的。除此之外，还有一些更加高级的能力：批判阅读能力让你识破报纸和股票章程中的谎言，分析能力让你在工作中形成复杂的行为程序，写作能力把你的想法很清楚地表达给你的同事，独立思考能力让你不受别人观点的影响，还有终生学习的能力让你能够处理工作和生活中的变化。

证据显示，我们自己的校友，其他同等水平学校的校友，以及全国校友的抽样，都坚信这些能力是他们本科教育最重要的东西。校友们意识到，本科学到的具体知识总是会被忘记，但是他们强调自己保留了这些在生活各个方面都会用到的综合能力。

然而，并没有多少证据证明大学阶段的学习产生了这些能力。我们知道在大学四年的时间内，人们获得这些能力，但是我们并不清楚是大学的教育孕育了它们。首先，能够上大学，尤其是精英大学的年轻人，本身就跟不能上大学的人不一样。在我们的分析中，如果不能对这种差别进行统计上的有效控制，大学教育显示出来的影响可能实际上源自能上大学和不能上大学的人本身就有的差别。

在这个选择性偏差效果之外，还有另外一个无法度量的变量的问题。我们归功于大学教育的变化可能实际上衍生自别的东西。比起没有上过大学的人，大学毕业的学生更有可能承担更有挑战性的工作。他们有更多的时间接触聪明的人。他们生活在一个认知能力被明确重视的环境。综合能力的差别可能是由这些东西产生的，而不是大学的课堂教育。另外，上过大学和没上过大学的人在很多技能方面并没有大的区别，能力的增加可能只是成熟的结果。你的能力得到提升只是因为你多活了几年。

大学教育对于认知能力的发展很重要这种看法成立与否完全依赖于我们是否可以在统计上解决选择性偏差和无法度量的变量这两个问题。唯一的非统计解决途径是进行控制实验。但是没有人会把一千个像你们这样聪明并且有抱负的年轻人送到大学之外的某个一样有挑战性，但是没有课堂教育的环境中去。设想在未来的四年内，你们系统地在商业公司、非营利机构、政府部门等处进行实习，在那些地方，你们不用上课，但是你们还是能够以同样的方式获得那些能力：向你的朋友或者工友请教该怎么做，读读工作手册，或者去参加一些特定技能的课程；你们可能还是住在宿舍之类的地方；你们可能还是需要业余生活，但是没有课堂指导。然后我把你们，除了少数几个领域——硬科学（hard science）和工程——递交上去，你们会跟在这里受了四年大学的课堂教育一样，为申请法学院或者商学院做好了准备。

从统计数据来看，其他的因素导致了大学教育的结果是很有可能的。让我总结一下：首先，虽然有一些证据显示大学教育在某些领域有一些小的影响，但是没有可靠的证据显示大学教育对口头表达能力、书面交流能力、综合思考能力、智力上的反应能力有直接的影响（20%的正作用）。其次，的确有证据显示大学教育对综合口头表达能力和综合数学能力有正面的作用（10%—15%），但是这更像是"要么使用这些本来就有的能力，要么丢掉"的结果，而不是学习到新的技能。大学只是让你们一直使用这些在高中已经学到的能力，而很多的工作并不会这样。所以那些上大学的人保持了这些能力，而那些去参加工作的人退步了。最后，大学教育在培养批判性思维上的确有一些作用。然而，有关的研究往往没有控制年龄，所以很难把它的作用跟纯粹的年龄增长带来的成熟区分开来。

这些统计结果不全是从精英大学得来的，而是来自不同水平的高等教育机构。但是我们还是可以得出推论，大学教育对于认知能力的提高没有很大的直接作用。也就是说，你来这里的时候，就是很聪明的人，只要你用你的智力干点什么——具体干什么并不重要——你走的时候仍旧会是聪明的人。

所有这些统计的结果都是上大学和不上大学的区别，也就是在比较大学教育和低层次的、没有挑战力的工作或者失业。没有人明确地比较过大学教育和其他智力上有挑战性的活动。毫无疑问，我们一直都在做关于这个问题的实验。美国排名前40的精英大学的数据显示，这些学校的学生用在学习上的时间差别很大。在布朗大学这样的地方，你有可能在整个本科期间给报纸做全职作家，课业不过是或多或少不相干的事情。也有像芝加哥大学这样的地方，以上这些行为完全是不可能的。当然，在同一所学校里，有的人很努力地学习，有的人却把同样的智力用于交响乐团、创造性写作或者喜剧。但是没有人考察过这些课业学习之外的智力活动对认知能力的影响，也没有人测试这个预测可能是错误的：在大学里做很多课上课下作业的学生在以后会比较成功或者认知水平会比较高。

所以，反对"大学教育能够教会你一些在以后的生活中很重要的能力"的理由如下：（1）这些能力并不是独立于你自然的成熟而产生的；（2）还不是很清楚是不是大学教育产生了这些能力；（3）没有证据证明没有其他的智力活动也能产生这些能力。

现在让我们从另外一个角度来看看这种认为"认知能力"对以后的生活有决定性的影响的观点。你们可能已经猜到，你们将在研究院——而不是大学本科的时候——学习到关于如何成为一个律师、医生、商人的知识。你们中将来成为医生的人也会发现，生物化学和其他类似的精密科学知识对于行医来说既没有什么意思，也没什么用。事实上，直到20世纪，医学院才要求本科有理科背景。而且，在某些国家，医科、法科和商科授予本科学位，而不是研究院学位。这也说明，尽管校友们那样认为，大学里学到的技能对将来的职业生活其实并没有

第一章　大学教育的目的

那么重要。

但是让我们走得更远一些。把标准的大学本科的技能列一个单子，让我们看看你们大部分人在追求的职业是不是真的要运用这些能力。这些能力是批判思维能力、分析推理能力、终生学习能力、独立思考能力，还有写作能力。这些是在校友研究中出现的五大能力，在其他同等精英学校研究和全国研究中它们也是最主要的。这些东西真的对从事法律、商业、医学还有学术那么重要吗？

律师。精英律师的真正活动是去找生意、签合同、领导法律团体，还有监督年轻的同事。年轻的合伙人需要知道怎么写作，需要分析的技能。但是太多的批判性思维会让他们陷入麻烦之中，独立思考能力同样很可疑。对非精英律师来说，他们做的大部分工作是财产或者其他财富的转移、离婚、遗嘱、合伙，还有偶尔的个人伤害案件，所有这些都是他们在离开法学院之后才学会的，很多时候是文书人员教会他们的。所有伟大的诉讼律师的策略都不是在课堂学会的，学习戏剧的背景比法律学位更有用。对法律本身有很深的批判性的了解只对法学教授和很少几个法官有用。所以，很难说对律师而言那五大认知能力比跟人们处理好关系、团体合作、陈述清楚并简单化问题以及把它向不同的人群说明等能力更加重要。

在商业中，情况多多少少是一样的。你们中从商的人永远不会像我或其他一些教授那样写作。你们将不得不尽量减少事情,你们也一样需要把事情简单化、清楚化。你们同样需要跟别人好好合作,把你的独立性搁在一边。正如鲍伯·杰卡尔(Bob Jackall)所精妙证明的,你们需要严格控制自己的批判性思维。综合分析能力对你们会很重要,但是,正如杰卡尔和其他管理人员所说的,对于商业管理人员,关键的分析能力是解码在各种组织中流动的、时刻变化的、有偏差的信息,从而正确地理解别人。这些是你在大学里绝对学不到的。为我们写作课本的人并不希望欺骗诱导你去做他们想要你做的事情。

医生会怎么样呢?绝大多数的医生工作跟法律工作一样,都是例行公事。每天做一些标准化、程序化的事情。医生比律师和商人更需要终生学习。高级律师可以向他们手下的律师学习新的法律,医生却需要自己不断学习。但是,除非他们是学院派医生,否则跟商人一样不需要写作。复杂的分析性思考也常常不是那么必要。医学内部的分工把他们的分析控制在很小的范围内,只需要处理跟自己专业相关的病人。不一样的是,批判地去听的能力却是很关键的。对于行医的医生来说,理解另一个人想告诉你些什么是最基本的能力。但是对此我们在大学里并没有系统的教育(在医学院也只有很少的正式教育)。

最后,教授们又怎么样呢?他们需要这些能力吗?你们现在可能已经发现了,大家都在说的这些"主要的认知能力"其实是精英学术界的东西。(当然,我应该说"我们自己"。)在学术界,批判性思维、分析能力、写作、独立性和自学都是被鼓励而且是很重要的。在某种程度上,这个著名的列表其实是学术界的列表。现在我要证明,即使在学术界这些能力也不是那么核心。大部分在非精英学校任教的教授有着沉重的教学担子,他们要去教没有学习动力的学生,很少用到这些能力。即使没有这些论证,你们大部分人在将来的职业生活中还是不需要这些在高等教育中强调的能力。最明显的例子是写作。我们芝加哥大学对写作极其强调。但是事实是,你们中大部分人在以后的生活里都不怎么会写作。你要写的大部分报告、法律意见、公司说明书等都是由委员会完成的,而且它们是写来告诉听众他们想要知道的事情,或者能说服他们的东西,而不是逻辑上正确的东西。

所以我们不仅有很好的理由来怀疑"大学教育教给你在将来的生活中很重要的综合认知能力"这个说法的头半部分,而且同样有很好的理由来怀疑这个观点的后半部分。我们不能证明大学教育是产生被认为重要的那些能力的原因,而且它们可能也没那么重要。

让我再来反驳这种"认知能力"论点的另外一种变形。有一些特定的文献构成文化教养,博雅(liberal arts)教育的责任就是把这些文献的很大一部分教给学生。我称这个为"共同语言"(lingua franca)观点。因为不管学生们现在在做什么，这些经典是受过教育的人们之间的一种"共同语言"。这种"共同语言"观点起源于19世纪像牛津、剑桥、巴黎高等师范学院等欧洲精英学术机构。当社会精英在这些地方修课的时候，他们背诵了大量的希腊文和拉丁文的诗歌与散文，他们在议会演讲和俱乐部对话中引用这些词句。这些引用起到标识精英的秘密代码的作用。它们也产生文化共同语言。你不需要抽象地苦苦思索愤怒。你可以提到阿基琉斯在他的帐篷里愠怒。事实上，我记得有不少人想象越战是美国版的雅典人去西西里的远征，如修昔底德（Thucydides）不朽的词句所说的那样：

κατὰ πάντα γὰρ πάντως νικηθέντες καὶ οὐδὲν ὀλίγον ἐς οὐδὲν κακοπαθήσαντες πανωλεθρίᾳ δὴ τὸ λεγόμενον καὶ πεζὸς καὶ νῆες καὶ οὐδὲν ὅτι οὐκ ἀπώλετο, καὶ ὀλίγοι ἀπὸ πολλῶν ἐπ' οἴκου ἀπενόστησαν. ταῦτα μὲν τὰ περὶ Σικελίαν γενόμενα.

(Thucydides 7.87.6)

雅典人被彻底打败，全军覆没，他们遭受了巨大的痛苦；他们被毁灭了，像谚语所说，一切都灰飞烟灭了，他们的陆军，他们的舰队，全部都被毁灭了，庞大的远征军

第一章 大学教育的目的

中只有极少数人重返故乡。这就是在西西里发生的事件。[7]

是的,是这样的。如果你不懂希腊文的话,它什么也不是。经典只有在每个应该懂它的人都这样认为的时候才能称为经典。100年以前,你们中半数的人会被要求懂得我刚才说了些什么(可能我也被要求懂)。但是在我们现在的教育体系里,关于什么是经典并没有一致的意见,所以并没有经典可言。事实上,在美国目前有关于典范和优秀人物的共同文化,但是他们大部分来自体育界、娱乐界和时事。简而言之,并没有学术的或者高雅文化的经典。即使有任何意义上的经典,教授们也不是这方面的专家。

可能我们唯一能保留的就是我称为"智力训练"的观点。在用一系列大规模实习来取代本科学院的讨论中,这种观点就暗藏其中,当我指出,全职的报业作家在智识上也许和学校的功课一样有挑战性的时候,这样的观点也如影相随。"智力训练"的观点认为只要你在接下来的四年时间内干点智力上有挑战性的事情,具体做什么并不重要。因为任何智力上的训练都会发展,至少保持你的认知能力。这样的训练在大学教育中是很

---

[7]《伯罗奔尼撒战争史》,修昔底德著,徐松岩译,上海人民出版社,2012年,第534页。语序根据希腊原文含义略作调整。

容易得到的,你在大学里可以利用它。这就跟去下一个街区的智力健康俱乐部而不是开车去芝加哥市中心的智力训练俱乐部一样。

"智力训练"的观点是19世纪牛津和剑桥改革的核心。没有人认为学习希腊文会直接帮你管理印度。但是他们认为一个能够真正掌握希腊文或者矢量微积分的人可以学习任何管理印度所需要的知识。在有了很大范围和很高难度的学习经历之后,一个人可以胜任任何事情。这个观点导致完全忽视学习内容。很多英国的殖民统治官员对不定过去时而非中尉感到更加舒服。但是作为一种纯粹的智力训练,这是个很好的主意。不幸的是,正如这个例子和我之前对职业的讨论所清楚显示的,以后的工作也许并不是智力处理的问题。所以这个智力训练的观点可能根本就是不相关的。

在转向什么是教育的目的之前,让我在接下来的时间内先总结一下哪些不是教育的目的。我首先向你们展示,大体上你们世俗的成功并不取决于你在大学的学习——这些成功你们其实已经确保能得到了。第二,你们具体的成功程度是你离开这里之后职业选择的结果,跟大学没什么关系。第三,没有证据显示大学给了你们别的地方不能给的认知能力。第四,那些被看重的综合能力可能事实上在职业教育和职业生涯中并不是最重要的,也没有任何理由去相信经典,因为所谓的经典在美国社会是不存在的。在整个讨论中我唯一支持的看法是：大学教育提供了一种形式的智力训练。但是很多其他的活动也有这个功能。

所以，没有任何实用的理由让你来接受大学教育，学习你的课业，或者选择一个专业。它不能带给你任何其他途径不能给你的东西。所以忘掉所有这些接受大学教育的工具主义的理由。

在这里或其他任何地方受教育的理由，是受教育比不受教育要好。教育本身就是好的。不是因为它能带给你任何东西。不是因为它是获得其他东西的途径。请注意，这个说法暗示着，"教育的目的"这个词语是荒谬的。教育不是那种有可预测的目的的东西，除了它本身，它没有目的可言。

否定教育的目的有两方面的意思。第一是关于未来。说教育没目的，是指我们不能期望现在的教育给我们的将来带来些什么，不管是更多的教育还是完完全全别的东西。第二是关于现在。说教育没有目的，是指我们不能用现在的教育来获得它之外的任何东西。

让我从第一点开始。我已经证明，如果教育有特定的目的，它们并不在于未来。就我们可以度量的东西而言，课堂学习意义上的大学教育跟你将来的成功甚至跟你的认知能力都没有关系。即使把我之前的社会科学取向放在一边，来进行一些理论上的思考，结果也是一样。理论上，说大学教育有关于将来的目的也存在着问题：当未来到来的时候，这个世界，我们关于这个世界的知识，以及我们思考问题的方式，都发生了根本性的变化。不管是哪个领域，它的事实、理论以及我们用来理解它的概念都会发生永久性的变化。医学，法律，商业，物理，建筑，农业，社会工作……在你毕业后第十年的同学聚会上，在任何你能想到的领域，它的基本知识都会跟你毕业的时候很不一样。不仅仅是事实和内容不同，这些领域里用到的深层技能也会以惊人的速度变化。

当我用消极的而非积极的语言来描述这种变化的时候，情况更加清楚。知识的变化并不是以某种虚幻的形式自动发生的，而是因为人们预想了它们的到来。因此，人们有了新的发现是因为他们在寻找新的发现。他们发展新的理论和方法是因为他们想取代不够令人满意的旧的理论。但是不管我们是谁——医生，律师，农场主或者会计师，如果我们想要有变化的话，我们必须能够想象用新的方式来看待这个世界并在这个世界做事情。所以我们的教育不能由掌握学科或者专业知识或者综合能力组成。当你掌握并实质化这些东西——把它们变成固定的、具体的、僵化的事例——你们将不能想象它们被取代。不，要想能够改变和更新你已有的观念，就必须掌握能让你跳出来看这些观念的东西。这个东西就是教育。

第一章 大学教育的目的

这个论点否定了那种认为教育的目的是给你一些能在飞快变化的世界里生存的技能的观点。那是因为能力本身也在变化。仅仅在半个世纪之前，写作能力要比现在重要得多。现在我们应该更进一步在第三个层面来谈谈正式教育。每次我们更进一步，我们对未来谈得越来越少，而对知性的连续性——头脑的一种持久的特性，一种智力上的习惯——谈得越来越多。我们转向不那么受时间限制的对教育这个概念的理解，来远离历史的变化给理解教育造成的陷阱。我们从考虑未来转向考虑关于现在的、比较持久的特性。简而言之，甚至在进行理论上的讨论的时候，我们也没有发现教育对于未来有什么目的。任何严肃的教育观念似乎都必然根植于一种要持续的状态——一种以自我永久的在场为基础的状态。

在否定教育有未来的目的的同时，我也否定了教育意味着学习一些特定的内容。在关于"共同语言"的讨论中，我已经抛弃了这个论点。但是知识的不停变化（从正面来看，永远需要新的思想）进一步推翻了认为教育的目的是学习某些具体内容的看法。你们不是在巢里张着嘴等着老师来喂已经半消化了的食物的小鸟。教育并不在于内容。它甚至不在于能力。它是一种心灵的习惯或者思维方式。

在抛弃了认为教育对于未来有什么目的之后，我现在谈谈我的另外一个主张：教育对于现在而言也没有教育本身之外的什么目的。我不想跟之前那样以否定的方式来论证这个观点，而是想论证，我所定义的教育本身就是很好的东西。如果教育本身就是好的，我们不需要关心它是否还有其他的作用。那些作用只是附加产品，因此并没有实质性的意义。

我所说的教育是指能为事件或者现象赋予越来越复杂、深刻和广阔的意义的能力。当我们读一段文字的时候，我们称从中引申出来的新的意义为"解释"。我们做数学的时候，称这种意义的给予为直觉和证明。我们读历史的时候，称之为对历史背景的感觉。做社会科学研究的时候，我们称之为社会学的想象力。在所有这些领域，受教育是培养一种给我们观察到的任何事件和现象找到新的和不同意义的能力。我们有很多用来这样做的标准的程序——解释范例，诠释方法，理论范式，调查方法等。但是教育不是这些范例、方法或者范式，而是本能地去寻找新的意义，质疑旧的意义，不停地跟事件、现象和文本已有的意义做斗争的习惯。我们能教你这些方法和范例，但是不能教你这种习惯。这是你必须自己去找的东西。

这样看来，教育看起来似乎并没有什么。"我已经能做到了，"你说，"意义，我能给你的上个段落10种意义，没问题。"此外，你说："为什么这是个好事？谁需要这些新的意义？这些只是飘在上面的烟，让我们去找真正的猎物。"

首先，我不确定你们中有很多人能创造新意义。因为很多人正坐立不安地想我到底什么时候才能讲完。你们不能安静地坐 55 分钟好好想想你们人生最重要的问题之一。但是如果在过去的 40 分钟中，你们已经想完你们能想到的所有关于教育的新的想法，也许我们最好还是抛弃——至少在这个意义上——你们已经受好教育的观点。

但是更重要的是，为什么给事情赋予无穷的意义是件好事。答案是：通过赋予更多的意义，通过扩充我们现在的意义范围，把更多复杂的、抽象的、有时候还充满雄心的东西涵括到我们的世界来，从而能够使自己在现在的意义上经历更多的生活。一个受过教育的人比没受过教育的人在同一个时期能体验更多。这并不是说没有受过教育的生活有什么内在的本质上不好的或者有缺陷的地方。没有受过教育的人的生活也同样有尊严。但是如果你有机会而却没有利用它来扩充自己的经历，那是很愚蠢的。教育的本质就是它是使我们能这样做的很核心的手段。

"闷，"你说，"这种说法太抽象了。什么都不是。他说教育是在某段时间内经历更多，到底什么意思？"嗯，那我们来说说会引起你们注意的事情：性爱。我正在论证的观点本质是这样的：任何动物都可以脱掉衣服，摩擦抚弄一会儿，放置好它的性器官，然后开始干，直到结束。但是如果你把准备活动分成热身和调情，如果你离开主路到别的地方去开垦，如果你把这个过程跟你头脑里的幻想联系起来，使它变成身体之间的对话，而不是像动物那样猛击，你的性爱经历就会好很多，它至少看起来会时间长一些（当然你可以使它感觉有意思的时间长一些）。这就是我的观点。通过增加一个经历的意义的密度，你扩展了这个经历。你使得它在同样的时间和空间内更加广阔、更加持久。教育是扩展经历的途径。

如果你不喜欢这个例子，想想在博物馆里看一幅画。是呢，看着画随便想想就够了。但是，如果你已经知道很多不同的视觉世界的传统，如果你能理解画家跟这些传统对话的细节，如果你对这幅画的社会和文化背景的了解使得你可以看到很多假使你没有这些背景知识就看不到的东西，你的经历就会丰富很多。这是同样的观点，因为你受教育，你的经历变得"更大"。不仅仅是你可以看画看得久一些而不觉得闷，在简单的一眼中，你也看到了更多的东西。教育不仅仅是知道这些过去的事情和关于谁教了谁、什么风格是什么的背景，而是把这些你所知道的事实拿过来作为你的知识，并用它们来丰富你看画的经历。

我说"受过教育的性爱"比没受过教育的性爱要好，受过教育再去参观博物馆也比没受过教育去要好，并不是说你们应该错过主要的东西：性爱或者那幅画。让经历变得更加复杂并不意味着你必须扔掉它最核心的简单的版本。你的确不能无穷尽地填充你的头脑——它的能力是有限的。另外，关于你们的

第一章 大学教育的目的

教育,你们要做的一个很重要的决定是广度和深度之间的平衡。因为广度也是扩充经历的一种方式。复杂化不是产生意义的唯一途径。

因此,我认为教育本身就是好的,教育意味着找到法子去安顿你所知道的有限的事情,安顿其不同层面的抽象和细微,安顿技艺与材质,事实和理论的交错,唯有这样,才能最大限度地感受你在当下所能体验到的可能的意义之流。不管你时间和空间上的现在是什么,通过给游戏更多的意义,通过在简单和复杂之间对话,通过区分和类推,教育能改变你当下的现实并超越它,让你在其中体验到更多。当然,我们都以很多种方式被局限到某个现实中——语言,地理,种族,性别,年龄,职业,身体类型,宗教,等等。知道很多抽象的东西并不能让你逃离这种地方性。毕竟,矛盾的是,人类的普遍特性之一就是在某个地方固定下来。抽象的地方性又具体又疯狂。但是在有思想的人的心灵中,教育是一种习惯,可以通过增加你与其他人类意义的联系,超越这种地方狭隘主义。抽象化有时候是这样做的机制,有时候是自我身份定位,有时候是简单化,有时候是通过最细微的事实,比如同样的眼影颜色或者同乡,来建立联系。

要记住,这种地方性,这种地方狭隘主义不仅仅是空间——地理和社会——上的,它也是时间上的。你们所有的人生活在一个瞬间中——未来是你们20岁的人的,中年还非常遥远。在你们看来,我是个并不存在于现在的固定物体,一个人,"教授",过去是,现在是,一直都是。但是我过着有偶然性的生活,事情可能在短时间内变得很不一样。对于我,你们是固定的,你们会跟我一样在生活的可能性之中徘徊,而结果也会很不一样。但是就像教育使我们能够在社会和文化的意义上超越地方性一样,它也能够超越这种时间上的固定性,所以,我们可以同时体验中年生活和年轻时代。

作为教师,我们通过各种方式诱引你们进入这种教育的习惯,就像禅师给新入门的僧人一个心印让他得道一样。禅宗的心印并不是道,而是得道的途径。这里也是一样。正如我所说的,我们所提供的训练并没什么特别的——分析推理,好的写作,批判思维,等等。所有核心课程的内容都是这样。我们希望这些训练能给你带来得道的灵感。从这个意义上来说,"教育的目的"(aims of education)这个表达是反过来的。教育没有目的。教育是别的东西的目的。

这种教育,也就是得道的灵感,是即使被特定的时间空间所局限,也要去寻找新的意义、新的联系,使经历变得更加复杂和广阔、更丰富、更长久的习惯。我们所教授的所有东西都是获得这个习惯的训练。

同时,不能小看这些训练。不能仅仅因为我说我们在课堂

第一章　大学教育的目的

教授的内容不是教育本身，就意味着教育不需要它们。借用一个著名的比喻，你们可以把课程表想象成教育通过无数的经历投射在墙上的阴影。把这些阴影当成真相当然是错误的，但是它们能帮我们找到、掌握或者想象真相是什么。认为存在一个固定的课程表，认为受教育的人必须知道某些特定的知识，认为墙上的阴影就是教育的内容，都是错误的。这些错误的观点源于我们对某些认识太过执着——这个认识原本是明智的：影子的确提供了看到真相的起点。

但是，在这个比喻里，并不仅仅只有墙上的影子不是教育。知道真相也不是教育。教育是光，是赋予意义的闪动发光的那个东西。如果你拥有它，剩下的一切——核心技能，共同语言，还有基本的事实构成的知识——马上变得显而易见。这就是为什么那么多看到教育的火花的校友错把训练当成了教育本身。一旦找到了这火花，通向教育的路就变得毫无疑问并且不证自明。因为教育是从内在而来的看不见的创造性，它不是你拥有的东西。它就是你。

总而言之，从实用的角度来看，没有证据显示你在这里受到的智力训练对你将来能获得的世俗成功或者认知能力有不可取代的联系。也没有有效的理论显示教育有关于将来的目的。事实是，教育的本质存在于现在，在它本身。这种本质就是它的目的，因为它扩展了我们现在的经验，它本身就是有价值的。

在这次演讲要结束的时候,有三点我想强调:第一,关于未来我要说一句。我已经以某种方式说教育跟未来没有关系。我说教育的本质在于当下的自我。但是,我们当然一直生活在当下。即使从我们现在所在的地方来看,一般将来时态看起来像是固定的。"我将来想当医生",或者"我将要写一本很好的小说",我们这样说,好像这一般将来时态是简单而固定的存在状态。当未来到来的时候——当你成为医生或者写小说的时候——你会发现你的未来跟你今天一样"当下"。所以,教育——不停地在情景、事实和观念中寻找新的意义的自我——是未来很关键的资源,因为未来跟现在一样是一系列有局限性的时刻。

在这次演讲要结束的时候,就结果而言,很奇怪,教育的确是你为未来做的最好的准备。(说奇怪是因为在这个句子中"教育"并不是你以前所想的那样。)对于未来,我们唯一知道的是,尽管我们无法预测它,它总是会来到。看看你右边的那个人。再看看你左边的那个人。在未来20年的时间内,你们三个都会结婚,有一个会离婚。你们现在无法想象这些。这个房间里没有人计划着会离婚。但是你们中超过40%的人会离婚。历史一直在进行中。

这些个人事件只是偶然性的一种。一年前的事件说服你,没有可以忘记的历史。但是在50年的时间内,这些事件将会

第一章 大学教育的目的

显得不那么重要——它们可能是预兆,但是绝不会是在未来半个世纪里最重要的事件。毕竟,在"二战"的六年时间里,每天死的人是世贸中心攻击事件中死的人的10倍。50多年后你们死的时候,那个社会跟现在的社会很不一样。普遍来讲,生物恐怖主义可能成为跟经济全球化、世界范围内的宗教战争、基因注册、国界消失、定量繁殖、移植个人芯片等一样的现实,谁知道将来会发生什么?

不管这些事情多么重大,你们都无法**计划**。但是你们可以通过成为一个能够从事件中发现意义的人,一个受教育的人,来理解它们。事实上,如果你受过教育,你不仅仅可以经历这些事情,还可以形塑并和别人分享它们的意义。你不仅仅是在经历未来,还可以创造未来。在这个意义上,受教育是你能为不确定的未来做的最好的准备。

第二点总结是,在今天的演讲中,我自始至终都在说认知问题。尽管社会科学研究和教育的理论都认识到在大学期间情感和道德发展的重要性,我却没有提及情感或者道德教育。我们都知道,智力和知识的学习只是你在这里要做的三种活动之一。第二种活动是受薪工作。你们中大部分人在大学里都会或多或少地工作,事实上,以劳动力的标准,很多人会有一半的时间在工作。第三种活动包括大部分其他的事情:运动,俱乐部,谈恋爱,布鲁斯酒吧,在餐厅就餐,等等,我们称之为课外活动。

人们想到高等教育的时候，往往只专注于认知活动，而对道德和情感课程表不怎么注意。这不是因为情感和课外活动的课程表不重要。大学的道德和情感课程主要是在工作和课外活动中教授的。在之前我讲专业的时候，我说专业精英需要道德和情感的能力，像领导，理解，还有组织，这些远比他们的认知能力，如分析思考和写作重要。所以这些也是很重要的能力。但是我们关于这方面的教育被减缩成一些简短的讨论，比如如何处理好同室友的关系，还有一些政治化的貌似有理的关于种族、阶级、性别等的课堂讨论。我的朋友约翰·米尔斯海默（John Mearsheimer）在4年前有勇气站在我现在的这个位子论证大学教育不是道德教育。理论上讲，米尔斯海默教授可能是正确的，他从很强的自由主义和认知的角度来论证。但是从实践上来说，他大错特错。不管你愿不愿意，道德教育将在你的大学教育里占据中心地位。你甚至会在课堂里得到道德教育，其中之一是在讨论中隐藏你真实的想法。很遗憾的是，你会发现这种能力在以后的生活中非常重要。

我们情感教育的课程表甚至更糟。基本上，我们把你们带到这里来，给你们注满需要、欲望和荷尔蒙，然后像野生动物园那样把你们解散，希望能得到好的结果。我不明白，为什么我们把认知学习安排得这么好，代际转型也很有效，但是每一代人在情感的学习上却必须从零开始。

第一章　大学教育的目的

我现在要说的是，作为个人而言，你们对自己教育的责任不能局限在知识上，依据米尔斯海默所言，大学教育的安排局限在这方面了。你们需要在情感和道德上也受到教育。在这些领域内，很遗憾的是大学并没有给你们提供什么系统性的自我发展训练。所以你们得自力更生。

最后，这个演讲好像给了你们无限的自由。我说了，而且研究也证实了，你们在这里做些什么对于你的将来没什么特别的影响。对你们很多人来说，这好像给了你在未来四年时间内做任何你喜欢做的事情的许可。在某种意义上，你们的确拥有了这种许可。你们来这里受教育，但是没有人强迫你们这样做。没有人否认，这个世界满是成功人士。在我们社会的顶层，有的人有精英学校的学位，但是有的人连最基本的教育都没有受过。

简单来说，现在存在的这个体制完全信任你。教育是人可以用来形塑自己的最有价值、最人道的基础，在这里你拥有无与伦比的资源去寻找教育的光辉。但是在实践中，你找不找这个光完全是你的决定。你可以上完大学而什么都不做。你也可以在这里像旅行者一样游历，到处听讲座，向你的大学心灵导师（Fodor）[8]咨询"不能错过的""重要的知性景点"。或者你

---

[8] Fodor 原指从事心灵哲学和认知科学的美国哲学家杰瑞·福多（Jerry Alan Fodor），此处代指大学中的心灵导师。

可以机械地用各种东西还有能力填充你自己，直到填满为止。不管你选择这三种中的哪一种，你离开后都会过得不错。你将会成功而且快乐。

或者你可以寻找教育。这不是一件容易的事。我们只能提供可以帮助你的训练。我们不能给你教育本身。而且，诱惑很多：仅仅因为你对你的未来有某些幻想而花上几个月的时间学习不适合你的专业，因为懒惰，不愿挑战自己，所以只在一个领域学习；在欧洲游荡一年，希望找到教育的光辉，却很快地变成了旅游观光。胆怯的诱惑也存在，放弃所有实验，错过大学的随意性，放弃你以后永远不会有的浪费的可能性，还有严格地照章办事，然后疑惑为什么教育躲避着你。

教育没有目的，目的就是教育本身。如果你去寻找它，教育就会找到你。

欢迎来到芝加哥大学。

第二章 教育的宗旨:师者的视角 *

上一章从学生的角度讨论了教育的宗旨,试图说服年轻人,教育的目的不仅是学习教材或者技能,而是将自己变成一个思想开放和有求知心灵的人。师者遵循同样的宗旨,然而仅止于此是不够的,还必须决定教授什么以及如何教。

因此,本章对那些更为世俗行为的理论和实践进行了思考。如大多数这类讨论一样,笔者从课程体系谈起。在简要回顾美国大学课程的历史之后,我会转向古代关于教育的辩论,其中提出了同样的问题,但是时代背景却不相同。随后,笔者对这两部分论述中出现的各种评价的维度进行理论论证。在确立这些维度后,从师者的角度重新审视教育的宗旨。正如关于学生

---

* 王桐译。本文源于作者 2016 年在北京大学进行的"大学堂"讲学系列的第一讲,《学术研究中的理论与实质》。作者在该演讲中谈及了本文的一些观点,但在之后编辑演讲稿的过程当中,决定将这一部分内容移出,单独成文,本文即是这一写作的产物。在写作过程中,作者也参考了自己在 20 世纪 90 年代计划写作的有关教育的一本书的内容,但这本关于教育的书最终没有写成。本文写完后并未在英文学界发表,这是该文首次和读者见面。

的目标的讨论一样,本章还考虑了应当贯穿教育体制的惯例以及道德立场,因此所涉及范围远远超出了课程的具体内容。

一、现代大学课程

当美国人在19世纪末重建大学课程时,他们参考了两个范例:德国和英国。德国研究型大学的历史可以追溯到18世纪中叶。但直到20世纪,大多数本科生都直接进入了法律、医学和神职人员等传统职业。因为在德国,这些职业是由各个王国(后来由国家)控制的,大学教育的实质是服务于行政机构。虽然大学授课的科目范围很广,但总的模式是职业化的。而英式教育恰恰与德式相反,它对一些专业领域采取通用的荣誉考试。学生不是通过具体的课程和讲座来准备考试,而是通过一位"强化补习教师"——后来被委婉地称作"助教"来完成。英式教育制度是非职业性的。医学教育依托医院,法律教育在律师学院,神职学生则在中世纪时代建立的神学院里专修宗教。德国大学在专业和职业教育方面相对较强,而英国大学更非职业,虽然其教育并非真的"通用"。[1]在参考这两种相

---

[1] 这一时期的大学历史及其和各种职业的关系的概述详见 Abbott 1988 第7章。美国大学和学院的标准通史详见 Veysey 1965。

互矛盾的系统时,美国人面临着另一个问题:他们的中学教育体系质量参差不齐,这意味着美国大学需要通过一定程度的补习课程来弥补学生课业的不足。

美国最终的解决方案是把课程分为三部分,这一方案沿用至今。第一部分旨在拓宽知识的广度,根据它具体的实施方式,被称为"核心课程"或"通识教育项目"或"分类必修课程"。第二部分旨在加强专业知识的深度,通常被称为"主修课"。这两部分之外的课程被称为"选修课"。尽管有时这部分课程的管理形式有所不同,但通常只是不受限制课程的额外内容。这些"选修课"旨在让学生们各取所好,享受学习的过程。

在这三个部分中,现今全美最常见的是主修课。虽然它们通常由固定的教职部门开设,但有些专业的主修课也可能出自跨学科委员会、荣誉课程以及其他特殊部门。这些课程的内容是标准的,通常从必修的入门课程开始,一般包含方法论或其他技术性课程,有时包含调研课程,然后通常要再完成一些学院或系里规定列表中的选修课才结束。选课的特定顺序对于某一些专业会比另一些专业更重要;这种特定的课程线路在科学和类科学学科中普遍是强制性的。

通识教育的结构相比主修课的专业教育更为多样化。在很多大学里,通识教育的要求被分为指定的几类,如语言类或数学类，以及更模糊的一类，被称为"分类必修课"（distributional requirements）。通常，在此要求的基础上，学生还必须在非本专业领域中选择一定比例的选修课。有时，这些分类必修课中的一部分本身必须被"集中"到一个"辅修专业"中。其他情况下，分类性要求仅仅指定了除学生专业以外一般领域中所需选择课程的数量。例如，社会科学专业在许多体系中需要选择一定数量的人文学科和自然科学的选修课程。

"核心"（core）课程是结构更为正规的通识教育体系的产物。在这个体系下，学生必须从一个非常有限的指定课程列表中选择他们的通识课程。在真正的核心课程中，这些课程是专为通识教育而设计的；少数的部分课程是所有学生都必修的。其他所谓的核心系统就像中餐宴会一样：在任何一年中，每个学院都会开设各种课程，其中一些在任意一年中会被认定能够满足"核心"要求。

因此，专业教育在全国范围内具有共同的结构，而通识教育则没有。大学课程的第三部分——选修课——是在学位课程的两个必修部分完成之后的额外课程。选修课是一个特殊的类别。一方面，选修课是正规结构课程额外的部分。另一方面，它们体现了强调自由选择的重要性的长期理念。事实上，在许多课程体系中，只有选修课能给予学生充分的选择自由。

奇怪的是，选修课是目前美国课程中最古老的部分。这类课程兴起于19世纪的后25年。19世纪中叶，规定严格的经典课程在美国大学中有着统治地位，选修课的兴起正是对于这一现象的回应。选修课的目的是为学生提供更多选择，给予他们涉足职业专业培训的机会，如法律和医学等，并提供民主的教育。它们代表着一种认识，即每个学生并非一模一样，而是应该追求自身独特的才华和能力。

主修课的兴起是为了应对这种新的选修系统迅速引发的混乱。在19、20世纪之交，它们迅速在美国高等教育院校中传播开来。学院通过强迫学生进入特定的学科，希望避免学业上的肤浅和涉猎的浅薄。专业允许最广泛程度的选择，但是一旦选择了总的领域，就强迫学生进入一项严格的程序。从这个意义上说，这一举措不禁让人想起了剑桥和牛津的荣誉考试。在那里，学生被要求选择总的领域（每个学校通常只提供少数选择，直到近些年才有所改观），然后在这个领域中研习由导师指导的课程。

然而，主修课并不是应对选修课系统所引起的混乱的唯一方法。一个后来的应对措施是倡导"博雅教育"，从20世纪20年代稳步发展至今。一方面，这场运动回顾了19世纪早期完全必修的课程，其理念是每一个受过教育的人都必须掌握一系列核心的知识和技能。[2]另一方面，这场运动是对教师不断增强的专业化和学科性的一种回应，1870年至1910年间成立的一大批学科协会就是这种专业化趋势明显的例证。[3]在其他方面，博雅教育的出现是为了应对实用主义和进步主义对于美国教育体系的压力，而从博雅教育的角度，这两者正是职业教育主义和反智主义产生的原因。站在这种反职业性教育的立场上，专业本身也加入了这场博雅教育运动。近年来专业学院的录取开始要求学士学位，而这种规定则有效地将大学定义为"博雅教育"，而非"职业预科"。

因此，从大多数方面来看，博雅教育的理念恰恰与主修的理念背道而驰。到第二次世界大战末期，博雅教育占据了美国课程的主导地位。芝加哥大学曾设立一套从高二（美国十一年

---

[2] 19世纪90年代，"博雅教育"（liberal education）一词短暂地引起了人们的浓厚兴趣，但它在20世纪20年代才真正成为标准，从该词在《期刊文献导读》中出现的频率即可看出这一点。但它最初是中世纪用语，指的是三艺（trivium，语法、逻辑和修辞）和四术（quadrivium，算术、几何、音乐和天文学）共计七个研究领域。正如其中硬性要求的概念所表明的那样，"博雅"一词的用法与代表绝对自由的"自由主义"（19世纪）或代表左派政治的"自由主义"（20世纪后期）毫无关联。

[3] 学科极其致力于专业。的确，人们可以把任何特定的学科定义为"那些致力于在某一领域内教学的博士"。大学学系作为20世纪初不断扩张的大学中的基本组成部分而出现，专业和学科正是随学系出现而诞生的产物。学系同时作为一所大学和一个学科内的单位，它的研究方向与其教授的那部分本科课程也密切相关。（见Abbott 2001，C.5）

级)开始的四年课程,并推迟了学生的一切选择权,直到他们完成四年的基本要求(同时获取学士学位)。哈佛当时也推行了一套"通识教育"规划,此规划在三十年间(为一代人)牢牢地固定了大学课程。但是时过境迁,主修课和选修课顶住了博雅教育大潮的冲击。结果,目前大多数美国学院和大学课程中的这三个部分处于一种不稳定的动态平衡中。其实,核心课程、主修课和选修课之间究竟是怎样的关系,其中并没有明确的逻辑依据。

二、关于教育的讨论:从古代到文艺复兴

古代关于教育的讨论预演了围绕博雅教育和主修教育的辩论。诚然,这些讨论并非针对"高等教育"。当时还没有这个概念。[4]恰恰相反,古代和现代早期的哲学家更关注学习的本质,尽管如我们随后会看到的,对于职业性的需求最终也在古代出现了。

古希腊早期的哲学讨论中就出现了通识和专门知识的区

---

[4] 的确,第一篇用英语著成的对于教育系统性的哲学分析出自纽曼(Newman)1852年出版的《大学的理念》(*Ideas of a University*),它没有参考早期欧洲语言著作的传统,而是回顾了英国大学在纽曼任职爱尔兰天主教大学校长之前半个世纪以来的历史发展。

分。柏拉图所著的《普罗泰戈拉》就是围绕公民美德能否像雕塑、建筑和医学类专业一样被传授的问题而展开的。普罗泰戈拉认为美德是可以传授的,但嘲笑了那些指望通过博雅学科(算数、天文、几何等)进行传授的人。苏格拉底则回应美德不能被教授,举证大人无法传授给孩子美德的例子。普罗泰戈拉则回应道:从本质上讲美德一定是可以传授的,因为太多人相信其可被传授。双方都接受我们今天所理解"博雅教育"的前提条件:教育不可或缺的一部分就是教授那些非专业性质的知识,那些对人格和自我产生直接影响的知识。后来,在《理想国》第七卷中,博雅知识被视作培养领导才能所必需的,其重要性在于对内容的抽象,因为柏拉图认为知识的意义在于理解事物更为超脱和抽象的本质。即便对博雅学科而言,具体的资料并没有其背后的意义重要。这里我们第一次发现了抽象即为教育本质的理念。

经验与专业知识,同样不是教育的重点。柏拉图对于自由哲学家的部分推崇来源于他们对于专业经验的贬低;只有"奴隶"才通过经验学习。诚然,柏拉图认为一位有经验和学识的医生胜过一位缺乏经验并愚蠢的医生。然而依据本质的分级体系来看待日常经验,他将经验视为次级。一些"护卫者"(Guardian)也许有特别的专业强项,但所谓护卫者的地位取决于他们总的哲学立场。再则,抽象和特定的专业知识是对立的,

第二章 教育的宗旨：师者的视角

而后者被置于前者之下。

教育在亚里士多德的作品中显得不是很关键。在《政治学》第八卷中，教育被看作国家的职责。这里，相比专业或实用的知识，亚里士多德强调了对博雅知识的追求。人生的目标是达到并享受一种高尚的安逸生活，但实用的知识并不有助于养成这种高尚美德。博雅知识因此更为重要：它不但为参与政治做准备，而且让我们适应人生中最高层次的享受。从另一个角度来看，亚里士多德在《尼各马可伦理学》中赞美了实用的学问，这正是通过特殊的经历而获得的。他对于这类实用知识坦诚的赞美与柏拉图青睐的"超越世俗"形成了鲜明的对比，亚里士多德诸多有关专业和经验的知识分支的著作均体现了他本人对于观察和经验的兴趣。

柏拉图和亚里士多德为后来教育方面的著作树立了典范，尤其是他们对于公民所必需教育的执着关注。古希腊社会规模较小，除了地位卑微的工匠阶层外，"专家"少之又少。因此，精英阶层的通才在公共生活中占据了主导地位，而随着希腊化时代社会的发展，"文理学校"（gymnasium）出现了。这是一种学校，精英的后代在这里训练公民所必备的重要技能，其中修辞学排在第一位。伟大的修辞学家和老师伊索克拉底的作品表现了这种先进教育所认同的能力，即能够就任何话题做有说服力的写作和发言。

在古罗马，受教育阶层所占比例比希腊化时代更低。因此，罗马的教育理论继续强调演说家和思想家的培养，这也不足为奇。罗马的伟大教育著作都是演说家的教科书：西塞罗的《论演说家》和昆体良的《雄辩术原理》。他们对于通识而非专业知识的偏爱显而易见。

西塞罗时常对这两者摇摆不定。演说家必须"获得一切重要事物的知识，以及所有的博雅艺术的知识"。（11）[5]但另一方面，一些专业的知识领域则不那么必要。谈到公民的十二铜表法，一个人在西塞罗主持的讨论会上说道："我从未学过民法，但我也从未因不了解民法而无法在法庭上解决那些我所能辩护的案件。在任何追求或艺术中成为大师是一回事，在日常生活和人类的日常习惯中不愚蠢或无知是另一回事。"（76）因为需要学习的东西太多了，"我们可能会在进行［专业性］研究的同时疏忽了对于在人们面前和论坛上演讲的训练和实践"。（26）因此，演说家必须是一个技艺精湛的学习者。"但如果他不得不谈论论坛之外的其他技能和话题，那么当他从了解它们的人那里学到与之相关的知识后，他将能够比那些最初发明或确立这些技能的人更加自如地对它们进行讨论。"（22）因此，

---

[5] Cicero, Marco Tullius. 2001. *On the Ideal Orator*. Tr. J. M. May and J. Wisse. Oxford: Oxford University Press.

虽然西塞罗的对白中更极端的声音要求演说者掌握所有知识，但西塞罗通常认为一个人不可能了解一切，因此通识的知识更有用。比起愚昧的专家他更欣赏聪明的通才。与此同时，他对才华的定义实际上是有关职业的——说服对方的能力。

昆体良在《雄辩术原理》中把这种教育纳入人生的周期。其中的主要阶段用来学习许多学科的基本原理：语言、写作、音乐、几何学和其他博雅学科。针对学习太多学科会导致涉猎浅薄或学习低效的观点，昆体良提出了一个相当现代的论点，即同时研究多学科有利于大脑的工作。专业化的学习应该等到建立基础之后。

优秀的学生将进入专攻修辞学的学校。在这里，昆体良设定了一项漫长而详尽的课程，其中涵盖了演讲和雄辩的所有利器：数字、比喻、演说的段落及其排列，以及论证、示范和证词的种类。他认可专业化，但专业化应作为手段而不是要旨。然而，他还为雄辩家规定了非常广泛的阅读书目，其中涵盖了大部分的古代诗歌、历史和哲学。即使在演说家"专业化"的训练中，要求的知识范围也很广。事实上，他希望演说家将毕生投入学习，并致力于逐步通晓所有已知的事物。相比之下，专家们很快就掌握了他们的领域，然后用毕生实践这些知识，不需要进一步的发展。与西塞罗一样，昆体良强烈地怀疑辩论法以外的专业学习。他尤其深恶痛绝的就是哲学家，因为他们只专注于自己的研究，脱离了公共生活的视角。

综上所述，古典作家明确地区分了专业知识和通识知识。他们坚信通识知识更为优越，而专业的雄辩技巧是唯一的例外。这种信念反映了他们把教育看作共和国公民身份不可或缺的一部分，以及公共辩论在这种公民身份中的核心地位。因此，博雅教育与专业教育的相对地位等同于活跃的公民精英阶层与哲学家和工匠的专业阶层的相对地位。

基督教作家继承了这一古代教育传统，再将其改变并规范化。追求虔诚生活的教育代替了服务城邦公民的教育。但博雅学科被奉为其课程体系神圣的中心。这种转变在圣奥古斯丁的作品中展露无遗，其作品极大影响了卡西奥多罗斯（Cassiodorus）和塞维利亚的伊萨多雷（Isadore of Seville）的思想，并通过他们成就了整个中世纪的课程。奥古斯丁对于教育的影响具有一定的讽刺意味。他是历史上最伟大的自学者之一，而且他坚信源于自身的教育，即通过学生本人。（在奥古斯丁心中，教育的典范是孩子学习语言的过程。）然而后继的学者所采纳的并不是奥古斯丁提出的这种自主和愉快的学习，而是他系统的课程类别和他将学习奉献给理解《圣经》的主张。奥古斯丁开明和实际的那一面并未流传下来；相反，流传下来的是那个精于分类的、限制的形象。

奥古斯丁对于课程最深入的讨论体现在《基督教要旨》

(*De Doctrina Christiana*)一书中。尽管对于《圣经》的理解取代了公共演讲成为教育的中心目标,但奥古斯丁关于"《圣经》的理解"的定义颇为宽泛。这一著作包括四部书,前两部是关于理解《圣经》所必需的神圣和世俗形式的知识,第三部是针对理解本身的过程,第四部则是关于传教的。[6]区别于杰罗姆和德尔图良等更为保守的基督教作家,奥古斯丁并不排斥经典传统,而是投入一整本书(第2册)对其进行论述。同时,他建议人们慎重选择世俗教材。他否定了虚构文学(Ⅱ.39),但保留了古典知识中最核心的部分:语言(Ⅱ.16)、自然历史(Ⅱ.24,45)、音乐(Ⅱ.26)、历史(Ⅱ.42),也许还有天文学(Ⅱ.46)。他同样将手工制作技艺(如木工和陶器)纳入课程之中,那些"有助于上帝事业"的工作(例如,医学、农业和政府),甚至如舞蹈和跑步等活跃的技能(Ⅱ.47全部)也被纳入其中。最后,他吸纳了推理和数字等纯智力学科(Ⅱ.25,48),甚至包括针对雄辩术的学科(Ⅱ.54)。这类知识之所以在奥古斯丁看来如此重要,是因为它们所研究的事物并非"人为安排",而是"在发展中是永恒的、由神注定的"(Ⅱ.50)。他将这类知识与主要由人类创造的象征性结构相对比(如虚构

---

[6] 第四部书最为详尽,并且对应昆体良《雄辩术原理》中讨论修辞学细节的第二至第四部书。

文学）。通过了解这些知识，人们只能知晓人类的创作，但无法领会上帝的杰作。

在《基督教要旨》中，奥古斯丁认为博雅学科与其他知识同等重要。然而，在其他著作中，他赋予了博雅知识更核心的地位，为其编写的目录也更加正式化了。在《伟大的心灵》（*The Greatness of the Soul*）和《馈赠》（*Retraction*）等书中，他列出有效地定义了中世纪核心课程的两个分组：三艺（*the trivium*，语法、逻辑和修辞）和四术（*the quadrivium*，算术、几何、音乐、天文学）。这里，博雅学科在教育中占据了举足轻重的地位。

这七个博雅学科在卡西奥多罗斯的著作中被完全定型。他的《神学与人类阅读导论》（*Introduction to Divine and Human Readings*）沿用了奥古斯丁《基督教要旨》前两部书的谋篇布局，不过确实给出了相关知识的内容。第一本书涵盖了神圣的知识，第二本则包括了博雅学科。卡西奥多罗斯认为语法是一切知识的核心，是"博雅研究显而易见的根源和基础"（Ⅱ.序言.4）。接下来是修辞学、逻辑和数学，而后者又被划分为四门科学：算数、几何、音乐和天文。数学的四个分支皆为科学，只有在理解博雅学科之后才能涉及（Ⅱ.3.19）。这一设计，以及伊斯多尔后来的修编，成为整个中世纪课程的基础。

最终，基督教的教育理论家们沿袭了古代非基督教作家对

第二章 教育的宗旨：师者的视角

于除修辞学外专业教育的轻视。虽然一些古代作家——如亚里士多德和奥古斯丁——赞成专业知识对于一些工作的必要性，并承认经验能够提供重要且必不可少的教育，他们几乎所有人都把教育本身简化为达成其他目的的手段——参与公共生活或宗教生活。专业化不可避免地限制了对这一更为重要目标的追求。

专业教育在文艺复兴时期也没有得到什么赞誉。卡斯蒂利奥内的《廷臣论》要求朝臣们广泛涉猎各门学问，但最重要的是在学识渊博的同时显得轻松而漫不经心。[7]然而，他应该"在专业和强项上胜过所有人"。(38)诚然，卡斯蒂利奥内说过，朝臣应具备很多知识（54），而且，令人惊叹的是，他把亚里士多德和柏拉图看作朝臣的典范。（332）但朝臣的主要美德不在于他知识的专业性或通识性，更在于博学而谦逊的行事风格以及宫廷生活中的优雅风度。

在拉伯雷所著《巨人传》的第二部书（1955）中，在写给儿子庞大固埃那封著名的信里，高康大仅仅要求他的儿子成为"名副其实的知识宝库"，"自由而高尚学习的典范"（194，5）。

---

[7] 卡斯蒂利奥内的核心观点是潇洒自如（sprezzatura），对任何类型的成就都抱着轻松自如的风度。廷臣应该具备很多专长，但同时要使掌握这种专长看起来毫不费力甚至漫不经心，尽管其知识或技能一贯卓越。引用的页码出自辛格尔顿（Singleton）的译本（Castiglione 1959）。

以其特有的夸张文风,父亲希望儿子"展示自己的学有所成,在任何一个领域就一个话题公开与任何人辩论,没有什么能比这更优秀"(196)。庞大固埃的朋友巴汝奇出现时用不下九种真实的语言和三种捏造的语言介绍了自己。然而,如同古典传统的精神,各种领域中博学的专家都在拉伯雷书中被快速谴责了一番:哲学家、律师、医生、神学家。

文艺复兴时期"学习一切"的简单号令持续了很长一段时间。弥尔顿伟大的论文《论教育》延续了这一古老传统。(一个人应该利用"任何零碎时间"学习意大利语!)直到蒙田的著作(1958),这一旧的时代主题才开始消亡。诚然,蒙田接受了古典传统对于迂腐学究的不信任:"我也提倡学生们选择有个结构合理的大脑而不是填鸭式大脑的[导师]。"[8]他把学习与领导能力而不是所学技能联系在一起(109—110)。但蒙田认为,他所处时代的核心问题是知识本身压倒一切的广度。[9]这个问题在古代没有得到重视,但在当时已经成为核心问题。因此,迂腐学究的问题在于它有损于驾驭浩瀚的学海所必备的判断力。因此,教育的首要任务是培养判断能力。对于这项任务,自奥古斯丁以来我们第一次在蒙田的作品中找到了对于学习者

---

[8] 引文出自第110页。请参阅 Essay Ⅰ:25 关于这一话题的讨论。
[9] 毋庸置疑,这反映了一个世纪前印刷术在西方出现后图书的泛滥。

本身的极度信任:"把各种各样的理念摆在他面前;他若有能力,就会选择其中一种;否则,他将继续保持怀疑的态度。只有傻瓜才是肯定和确信的。"(111)蒙田担心严格的制度和过度学习("在那个时代,我见证过多少人由于对于学习鲁莽的渴求而变得愚蠢"[121]),但他更担心的并非这种方法会收效甚微,而是它会使想象力和视野变得麻木。修辞学本身——"通识主义专业"——在蒙田眼中也是迂腐学究的一种形式(126)。

在蒙田的著作中,我们第一次看到了现代的教育观,即培养一套能够自我再生的技能。"他必须吸取[色诺芬和柏拉图式的]思维方式,而不是他们的戒律。而且如果他想,那就让他大胆地忘记这知识是从哪得来的,但是要让他知道如何把这些知识变成自己的。"(111)在这个观点下,专业教育的关键问题首先是削弱了判断力,其次才是迂腐学究。只有当一个人经历过各种理念的冲击,才能获得足以处理复杂问题的判断力。随着蒙田的理念,我们依稀见证了现代教育观的萌生。

三、教育的中心议题

至此,本文的讨论中出现了各种各样与教育相关的议题。我们接触了博雅的、实用的、通识的、专业的,等等。教育的这些维度在中国传统中也很常见。在《劝学篇》的著名段落中,

19世纪的现代主义者张之洞就有"中国教育关乎道德,西方教育关乎实用"(中学为体,西学为用)的著名论证。这里同样看到了为价值观学习和为实用性学习之间的反差。

我们应该更明确地考虑教育的不同维度。我认为有如下四种:第一个也是最明显的,是实用和博雅教育的对比。前者通常是针对特定类型的工作进行的培训,后者只针对非工具性的目标:自我提升、公民政治参与和审美情趣等。这种区分已经先后成为每个更高等级的教育的特征,正如其在美国所呈现的那样。因此,博雅教育在初期是以一种(闲散的)精英阶级特权的形式出现的,而自19世纪以来随着对识字和写作的实际(即实用的)需求的增长传播到了其他阶层。后来,中等教育渐渐普及,但同时也逐渐分化成两个体系:一个是职业教育体系,即传授实用工作技能;另一个是"古典高中"体系,即教授拉丁语、希腊语等其他在大多数人看来不实用的技能。到了第二次世界大战,这个过程已经延伸至大学。一些大学课程是职业的:商科、农业、护理和教育。还有一些是非职业的,比如英语文学、古典文学和历史。的确,即使是在那些致力于非实用、博雅教育的大学里,实用教育也同样被区分开来。英语等"博雅专业"与政治学和经济学等"职业专业"(政治学和经济学被认为分别通向法律和商业工作)间同样酝酿着一场战争。因此,博雅教育和实用教育的对比是社会分形(social fractal）的一个例子。我们将"社会分形"定义为不断地周而复始的区隔。这里，任何新的教育等级，即便其旨在代表博雅教育，最终也分形成了博雅和实用两部分。然后，这两个部分可能会再次分别分形成博雅和实用两部分。[10]

第二个维度从通识延伸至专业。这与博雅/实用的维度有相似之处，但两者并不完全相同。可以肯定的是，博雅教育经常被称为"通识教育"，并且常常与"专业教育"进行对比。随着西方经济体向深度的劳动分工下的技术工人迈进，实用的教育则通常等于专业的教育。医学和法律等职业就是这种趋势的例证。然而，如果说实用的常常是专业的，博雅教育则不一定等同于通识教育。恰恰相反，博雅教育往往是十分专业化的：拉丁语和希腊语在欧洲博雅教育体系下的经久不衰即是很好的例子。然而，在其他情况下博雅教育**并非**高度专业化的，正如哥伦比亚大学现代文明方面的必修课程，这些课程可以追溯到20世纪20年代，其教授的内容均为广泛的概述。

第三个维度包括了抽象的和具体的。有时，这个维度等同于通识和专业。然而，尽管这两个维度看似平行，但实际上有很大区别。某些哲学学派充满了极其抽象但非常专业的概念，

---

[10] 德国大学在19世纪也进行了类似的辩论。实用的教育被讽刺地称为 Brotstudium，其字面意思是"面包式的学习"。关于一般的分形社会结构，见 Abbott 2001，第六章。

例如德国唯心主义。同样，虽然大多数具体的事物都是非常专业的，人们同样可以非常普遍地看待具体的事物。人口统计学是一门综合的知识领域，但它关注的却是出生与死亡的具体问题。因此，抽象不同于通识的和缺乏实用性的东西，正如具体不同于专业性和实用性。

第四个维度涵盖了技能和内容。为高度专业化的博雅教育——例如学习古希腊语——辩护的一种方法就是强调其内容的重要性：它让学生接触一些基本的哲学和文学课文。但更重要的辩词是学习古希腊语能教授思考、记忆和分析的准则，而这些准则被认为可以适用于任何其他的思想或实践领域。如果你能用其源语言来解释古希腊哲学，你就能掌握任何复杂的知识体系。这一点与中国八股文的理论基础是非常类似的。学习八股文给予学生与其内容等价或更多的技能。

这些技能之所以"实用"，正是因为它们具有普适性。相比之下，专攻一部分特定内容意味着有限的普适性。在瞬息万变的社会中，专业化意味着人们能够得到良好的训练，然而这种训练所适用的工作可能已经不复存在。随着知识和知识实践变化速度越来越快，"通识技能"的教育理念也日益增强。清晰地写作，分析性地思考，批判性地评估资料的来源是有助于任何职业或休闲领域的技能。原则上，与其一起被教授的技能则是如何寻找新的学习技能，以及如何找到学习它们的途径。

技能将因此得以自我生长。

到目前为止，我们已经考虑了教育和课程相关的四个基本维度：博雅与实用，通识与专业，抽象与具体，技能与内容。在某种程度上，所有这些问题都在关于教育的古典著述中提出，并一直延续到现代文献中。这四个维度经常相互关联，但不绝对如此。它们为思考多种课程的发展提供了一种有效的方法。

然而，课程还涉及另一类问题，这些问题主要出现在现代社会的背景下。正如蒙田所指出的，在这种背景下，人们需要掌握的是一套完全并彻底超载的知识体系。这种超载的知识体系在过去曾多次出现：在雅典的学院里，在中世纪杰出的大学里，在中国唐代的大百科全书中，在印度教和佛教经文的无尽细节中。但在现代社会中，日益有效的总结或浓缩知识的技巧促进了对进一步的知识发展的持续需求。这开启了一种近乎失控的增长模式，并相应带来了一些新的知识技术，而这些技术本身则决定了现代课程中的重要维度。这些新的知识维度有以下三个。

第一个是理论与实质的关系。虽然理论／实质的维度接近抽象／具体，但理论需要一个抽象的具体观点。理论指简化或浓缩大量知识的抽象过程。在其最简单的形式中，理论允许我们再生实质，正如运动方程允许我们预测任何假定的弹丸的轨迹一样。或者，当我们把随机变量限定在某一个范围时，可以通过理论再造实质,就像关于"小城镇"的综合性描述在理论上概括了大量小城镇的数据。在这种情况下,理论是一种"理想类型",具体的实例与其存在各类微小的偏差。相反,在第一种情况下,理论构成了对所观察到的事实的"解释"。反之,若假定适当的初始条件,我们可以从中得出所需的一系列事实。在现代知识中,"解释"被看作比理论更可取;理想类型或平均值仅仅被当作经验的总结,而不是关于实质的真正"理论"。

然而,无论在哪一种模式中,理论都通过对数据进行层次结构处理(hierarchy),将它们划分为系统的和非系统的方面。系统的方面是"解释性理论"的机制以及"描述性理论"中的理想类型。非系统的方面则是围绕系统性成分的变化量而产生的。的确,在解释性理论中,即便在理论本身内也通常存在一种分形的层次结构(fractal hierarchy)。因此,演绎理论可能存在一层主要关系,以及涉及特定的初始条件或边界条件的子关系。归纳理论则以另一种方式运作,从子关系(通常是局部的)开始逐步建立更为普遍和广泛适应的关系。两种理论都假定具有层次结构。

知识技术的第二个维度包括了这种层次与非层次的知识结构。分层法将实质归类于(subsume)理论,将具体归类于一般,将局部归类至整体。关联法(associative)不对观察所得的任何部分进行分级。相反,它将数据的不同部分关联在一起。这样做并不是为了创建一组层次结构，而是为了创建一个分组的网络，而这一网络通常横跨不同类型的事实、不同类型的知识以及不同的认知方式。两者是互补的，正如学科和交叉学科。一般来说，收纳性知识是自然科学的特征，而关联性知识则在社会科学和人文学科中更为普遍。

请注意，归类法更容易教授，因为数学和逻辑基于一个高度有序和准推论的归类式结构，因此，学生从初级教育的头几年开始就已经接受了归类法的训练。相比之下，复杂的关联法更难教授，因为不同于归类法，其结构并不是自成的独立体系。相反，它需要两个独立的事物。一方面，学生必须能够识别各种事实，阐释其他互相关联的内容。这种识别能力依赖于他们既有的知识，并需要大量已知的常识和记忆。另一方面，也必须教授学生如何进行关联：什么类型的关联和分立最有利、最有意义、最有见地。因此，关联性知识比归类性知识更复杂。

我们已经接触过知识模式的第三个重要维度。这一维度包含关于少数事物的深度知识和关于多数事物的浅显知识。在美国课程的发展过程以及古代作家对于专家和通才的辩论里我们已经发现了这个问题。很明显，具有归类性知识的层次结构与专业化及对于少数事物的深度知识更加兼容，而关联性知识的互联结构与通才以及对于多数事物的浅显知识更为匹配。但我们也可以把"深入了解一些东西"和"广泛涉猎很多东西"看作应付过量知识的两种策略。这两者尤其适用于无法使用理论的情况,而理论毕竟也可以被看作一种压缩数据技术。这两种压缩数据的策略各有通用的名称。对于少数事物的深度了解类似于"经典"(canon)的方式。对于许多东西的浅显了解则是摘录汇编的体裁。

考虑到所需了解知识的总量,经典主义会在此基础上建立一个层次结构,并从中挑选少量关键的内容进行深度了解。通常,被选中的内容在某种意义上是其类别中的佼佼者。例如,许多西方社会学家把马克思、涂尔干和韦伯的理论奉为经典。此外还有许多杰出的社会理论家,他们中的每一位都曾论述过这三位经典学者从未涉及或讨论不足的话题。但总体来看,经典主义认为这三位是最好的,因此应该对他们进行详尽的研究,因为如果不深入地研究这些社会学家,就无法了解一个理论或者其发展历程的体系结构等等。确切地说,经典主义认为深度研究大有裨益。尽管如此,在使用经典时通常有一种"分配需求",意思是一旦选择了一个经典,我们就可以通过结合一些经典学家的思想表示知识体系中给定的其他任意一点。因此,经典主义认为齐美尔、塔尔德、斯宾塞的著作或思想都可以用马克思、涂尔干和韦伯著作中一些理念的组合粗略地表达。

摘录汇编法认为这种方法是不可行的。沿用之前的例子,齐美尔和塔尔德的核心思想涉及个体之间的特定关联——集体归属感以及模仿。虽然三位经典社会学家曾在多处讨论过这类问题,但并不充分。因此,文摘的策略即牺牲个体学者知识的深度,将足够数量学者的观点分布在可能的知识体系中的每一个角落,以至于任何后人的思想都**真正可以**被看作已被研究过的学者们的某种组合。一般来说,这将意味着更为肤浅地研究更多的学者,并往往把他们看作知识体系中特定位置的典型,而他们也成为了这些特定位置的代表。因此,经典和摘录汇编之间的权衡存在于两方面:一方面是透彻并连贯地了解一个学者,另一方面则是收录足够数量的学者的作品以代表整个庞大的知识体系。

我们目前已经讨论了四个可以追溯到古代的不同课程维度:博雅与实用,通识与专业,抽象与具体,技能与内容。同时,我们也接触了现代知识技术的三个专业维度:理论与实质,归类与关联以及经典与摘录汇编。正如我不断指出的,这七个维度并不是互相正交独立的,而是关于各种课程,实际上是关于知识本质的多样性的思维方式。学科课程的讨论一度通过分离这些维度、混淆它们、从它们中的一个切换到另一个来进行。许多看似重大的分歧原来是由于各个维度间出现的简单误解而引起的。

在某种程度上,这些错误判断的出现是由于"维度"(dimension)一词无法正确地反映这些区别。正如本文论点所表明的，它们实际上是应用于许多不同层次的分形区别（fractal distinctions）。经典中存在经典，还有，在每个子领域中都使用经典文献的摘录汇编。即便那些被外界公认为完全博雅或者完全实用的议题**内部**也能区分出博雅和实用的议题。依此类推。把这类分形视为从一端延伸到另一端的简单维度就大错特错了。相比于维度的概念，它们是更具生产力的区别的集合。[11]

四、重新审视美国课程系统

有了这些理论工具，我们可以重新审视本章开头部分概述的一些美国大学课程的发展历程。

博雅技能和实用内容之间的课程辩论始于1900年左右。美国人很清楚，在牛津和剑桥新近获得成功的专业化本科系统的成果是明显的。在剑桥大学著名的本科数学考试（Tripos）中，名列前茅者包括天文学家约翰·赫歇尔、物理学家詹姆斯·克拉克·麦克斯韦、统计学家卡尔·皮尔逊、哲学家伯特兰·罗素、经济学家托马斯·马尔萨斯、约翰·凯恩斯、数学家约翰·维恩和李特尔伍德以及其他许多人。同样值得注意的是，数学作

---

[11] 我在《学科的混乱》（Abbott 2011，第一章到第四章）一书中对分形区别进行了详尽的讨论（包括许多插图）。

第二章 教育的宗旨：师者的视角

为一个高度专业化又极为抽象的学科，甚至为哲学等非数学领域的研究提供了实用的技能。可见，各种分形区别可以通过令人眼花缭乱的多种方式进行组合。

之前我曾提到美国课程的两大分类：更为常见的"主修及分布式必修"课以及不那么常见但更有名的通识核心课。在"主修及分布"课程体系中，博雅教育的部分由分布式必修课提供。正如我所提到的，这些分布式要求就像一份宴会菜单：知识被划分为不同的领域，而学生们必须在每个领域选修一定数量的课程。因此，这种体系不是技能课程，而只是强制性地对内容进行分配。然而，有时这份菜单仅限于少数的"通识教育"课程，而这些课程有意识地传授历史分析和逻辑推理等"通识技能"，或者是非西方文明以及一般的哲学问题等专门的"博雅教育内容"。这类课程将摘录汇编的分配性方法与囊括任何经典内容并深入钻研的方法相结合。例如，我第一次接触中国文化就是费正清和埃德温·赖肖尔1966年教授的东亚文明课程，在当时哈佛为期一年的初级分配性要求中，其中有五门或六门课程能满足社会科学领域的要求，这门课就是其中的一门。

"主修及分布"课程中的博雅部分并不一定教授理论和实质的关系。在纯宴会式菜单的版本中，分配课程中可能包含随机领域的内容，而除非理论和实质的关系在课程中被教授，否则从分配要求中，学生可能对此一无所知。在"通识教育"的版本中，有关通识技能以及理论和实质间关系的教学只出现在单一课程中，而非贯穿整个课程体系。在这两个版本中，学生对于理论和实质的延伸关系的掌握大多是通过主修学习完成的。如果学生走运，可以通过一年的学士（BA）研究项目完成，在这个过程中通过实际研究的经验来学习理论和实质的关系。

相比之下，在纯粹的博雅教育课程体系中，专业化即便出现也相对较晚。这类课程几乎完全取消了选择。在芝加哥大学的版本中，学生的学业生涯始于几年的必修课程，而以一个结构高度固定的专业告终，这个专业类似于英国的专业领域，而且被融入到大学的研究生课程中。因此，芝大沿用了英式教育的蓝图：首先确保通识技能和文化，然后对专门领域进行详细的探索，教授理论和实质间更为复杂的关系，以及归类法和关联法。

同时，芝加哥系统并非所谓的巨著计划（Great Books Plan），而是其中既包含经典著作也包括了许多现代文献。此外，课程从很多书中节选许多篇幅较短的部分进行研究，而非从少数经典名著中拿出冗长的选段或者整篇作品。因此，这种课程体系其实在某种程度上更接近摘录汇编。虽然对其中较短且极为重要的段落需要精读，但为了教授更广泛的博雅内容，该体系相对弱化了对于博雅的阅读**技巧**的培养。然而该体系整体上仍然属于通识课程，它强调能应用于任何场合的普适性技能以及适

第二章 教育的宗旨：师者的视角

用于大范围工作实践的课程内容。

有人曾试图在芝加哥大学明确地教授关联性思维方式。芝大哲学家理查德·麦基翁（Richard McKeon）通过复杂的区别系统和矩阵阵列构建了各种系统性的关联组合。根据假设，这一体系可以在任意两个指定文本间建立交互讨论，无论它们的主题是什么。只有芝大明确教授了该体系，它将抽象的概念与具体的事物相关联，实现抽象概念之间的转化和关联，以及在某种意义上使理论和实质间的关联变得机械化。然而，尽管麦基翁所创的体系为他本人提供了一种灵活的探索法，创造着无穷无尽的有趣理论和实质间的组合，以及这些组合间的关联，但是该体系对于他的学生们而言仅仅是产生毫无目的和见解的形式主义论文的一种机械化的工具。首先，学生们的大脑中并非早已充斥着与他们正在阅读的内容相关的事实和解释，而这些事实和解释必须被用来填充麦基翁矩阵中的各项元素，才能引导出接下来最多产的关联。第二，麦基翁忘记了他的老师约翰·杜威（1966：159）曾提出的最基本的见解："没有一个想法或理念可以作为一种理念由一个人传递给另一个人。在被传递的人看来，传达的不过是一个被给出的事实。"当麦基翁的体系被讲授时，它就从一个鲜活的理念变成了麻木的事实。运用该体系绝不等同于将其简单地背诵下来。运用这一体系的能力似乎不能被直接讲授。尽管如此，芝大的课程体系至少试图平衡博雅内容和博雅技能，以便让学生们对关联性推理浅尝辄止。

芝大课程体系的另一个重要优势在于它不使用理论来教授实质。例如，现在学生阅读有关现代性的理论著作时，他们可能并不具备足够的历史知识来理解这些文献的理论性。相反，他们通过学习理论来学习历史。通过阅读米歇尔·福柯或麦克尔·波兰尼的著作来学习现代欧洲史就是一个很好的例子。通过同时讲授内容和技能，芝大的课程或许能让学生们更深刻地理解到理论是什么——许多不同种类的实质的综合体。

正如这一观点所暗示的，认识到教育对于一个人有着比我们想象中更加长远的影响是十分重要的。良好的教育当然不仅仅旨在鼓励学生理解某些特定的理论或实质，而是让他们将来能在两者之间轻松自如地穿梭。因此，一个训练有素的学生将在以后的生活中不断重新反思自己的思想。正如我所指出的，这项目标的达成同时涉及对于技能和内容的教育。在内容方面，博雅经典课程体系所要求的纯粹记忆是很重要的，因为它为我们提供了一整套术语，以识别我们正在阅读的内容间的潜在关联。与此同时，关联和组合的能力也会随着时间的推移而增强。我在青年时期曾阅读过许多经典的理论著作，然而当时的我并不具备任何知识或经验去理解它们，例如曼海姆的《意识形态与乌托邦》、E. P. 汤普森的《英国工人阶级的形成》，以及帕特里克的《莎士比亚时刻》。因为当时我还年轻，我阅读这些作品的方式是机械化的，而当老师向我解释这些作品时，他们的分析和解释在我看来也仅仅是事实，因为我没有足够的经验以其他方式理解这些分析。但时至今日，当我重新阅读这些作品时，我已经能独立于他们的论点了解其立足的实质依据，因而可以以一种我的学生做不到的方式领悟其中理论和实质的结合。然而，我们依然有充分的理由在年轻时阅读这些作品，尽管当时我们还不能充分理解它们。我们曾经读过的作品虚构地保留了一种魔法和力量，而这种魔法在那些仅在成年时初次阅读的作品中是无处可寻的。正如所有早年的经历一样，这些早期读物具有一种绝对而既定的现实感，而这种现实感是成年后无法体验的。

由此可见，我们可以通过考虑各种理论维度，并探究那些在知识过剩的环境中所必备的特定知识技能，来更加深入地了解课程体系的动态和变化。但是，就像大多数关于课程的论点一样，本节着重讨论教育中普适的部分——抽象的过程、技能、博雅式的学习。事实上，讨论教育的作家几乎一律把博雅式的学习置于专业知识之上，而我们不应该盲从他们。因此，提及专业性和翔实内容的教育的核心原因是十分重要的。

五、一些支持专业化的论点

我们已经看到了教育应充满丰富内容的各种理由。实用性就是一个例子，为关联性知识提供素材则是另一个例子。由于前文已讨论过这些理由，这里不再赘述。但还有另外三个重要原因。

我已经简短提及过第一个原因。我曾提到即使是摘录汇编类课程也倾向于选择经典的人物来"代表"特定的领域，例如"浪漫主义"或"为艺术而艺术"或"社会冲突论"。即便在这类课程体系中，人们也往往能感觉到，深入而详尽地了解某个学者的工作可以让学生看到杰出的作品所具备的复杂性，如何使用框架论点为更详细的推理构建结构，以及杰作所必经的调整与修改。同样，支持专业教育最有力的论据就是它展示了整个知识领域是如何运作的：如何建立公理和假设为理论夯实基础，如何建立方法论来实现理论和实质的融合，如何关联最前沿的观点与最普适的理念。知识领域有着庞大而复杂的结构。一方面，这个领域可能需要大量的事实性知识。人们如果不掌握相关的日期和事件，就不能再现一个特定的历史时期。如同一个人若不能熟记上百种化合物就不能从事有机化学的研究，或者若不能对社会生活的种种规律信手拈来就无法研究社会学。另一方面，该领域通常需要日积月累的解决问题的技巧、方法以及策略，而它们必须被逐一讲授才能被学生理解。所有这些都意味着充分接触和了解某些专业领域是教育的必要组成部分。这种顺序和分层制度在自然科学中最为明显，每个专业

第二章 教育的宗旨：师者的视角

都应如此。

专业教育"结构性"的理论基础鲜少被明确指出，但无疑是最重要的。现代知识是复杂而具有延伸性的。它存在于学科和学科分支中，而这些分组内部具有不同的探究逻辑。要了解这些不同的结构，学生必须在一个领域中研修很多由不同的老师讲授的课程，而这些课程的规划将或多或少地按一定次序介绍整个思想领域。所有的现代知识都已被塑造成这种延伸的思想体系，因此每个大学的教育都必须熟悉这种延伸性和相互关联的品质。

专业教育的第二个论点源于民主和多样性的观点。圣·保罗之后的作家都注意到了天赋的多样性。因为人与人不尽相同，所以他们所受的教育也不应当一模一样。教育理应为个人的技能量身定制。

人们很容易不假思索地用一句简单的话反驳这个观点：就像大脑的其他方面，技能是被经验所创造和定义的，这种经验是学生在课堂中、朋友间以及社会生活的很多其他组成部分中不断获得的。这是正确的，但它无关紧要。技能从一个过程中产生，但这一事实并不意味着其具有无限的可塑性。我们不应该接受洛克（Locke）的观念，即经验书写在一片白板之上，因此一种基本的教育适合所有人。没有一个哪怕短期涉足过大学教育的人，会相信所有学生都有相同的技能或学术偏好，就像每个人都不可能有相同的情感和抱负一样。

　　以平等机会为中心的当代美国教育体系经常把有关天生技能和能力的观念看作反民主。在这个体系下，关于先天差异的观点被视为专制服从的借口。但先天差异的概念同样可以被看作一种解放。不是每个人都需要成为医生或律师，也不是每个人都需要以相同的方式成功。在大学里，文科生通常憎恨无尽的科学课程要求，并鲁莽地断言科学思维是无关紧要的，甚至是完全错误的。而理科生则还以颜色，轻蔑地称这些文科生"无法清晰地思考"。这是我们为不允许学生追随他们的爱好和愿望而付出的代价。专业化是许多人的自然倾向，这其中包含了一些最致力于学习的人。

　　自然倾向的观念引出了专业教育的第三个理由。当一个人深入一个话题并沉浸在其无尽的细节中，他会感受到一种头晕目眩的惊奇感。事实上，当他完成了这第一步，随后更深一层的细节就浮现了出来，而那些曾经看似微小的差异现在看来似乎只是宏观上的一般区别。在专业教育中，这种惊奇感成为可能，而且是举足轻重的。伟大的物理学家理查德·费曼告诉我们，在他本科的人文课程中，他"总是试图逃避……我在麻省理工学院时只对科学感兴趣；我在其他方面一无是处"（Feynman 1986：30）。怀特海提到在每一类研究的过程中都存在一个"浪漫阶段"："浪漫的情感本质上是从赤裸裸的事实过渡到第一次意识到他们未探索的关系的重要性所带来的兴奋。"（Whitehead 1967：18）正是这种突如其来的匆忙和兴奋,帮助我们度过随后获取知识的艰难的"精确"阶段,最终达到对知识的满足感,其中结合了我们最初的具备完整性与深度的惊奇感。

此外,专注于某一特定话题使这种满足感成为可能。无论是为了完成一个重要实验,或者掌握一门古老的语言直至把握其微妙之处,还是准备一个能让决策人直接采取行动的方案分析,完成这些任务都需要把其他兴趣和学习放在一边,在实验室和图书馆中忘我地研究。只有这样,人们才能获得足够数量（critical mass）的思想和经验：当每次阅读都从上一次的经验中激发出新的想法,每一份新的成果向未知领域提出无数的疑问,每一个杂散的概念都被反射回大脑的反应堆,直到整个经历成为创造新想法和思路的一种自我维持的过程。

因此,结构性学习、多样性和惊奇感都是专业化教育的依据,用来补充之前讨论过的实用性和关联能力。专业化教育中具体和详尽的教育方式有很多可取之处,正如核心教育和博雅教育众所周知的优势一样。然而,对于这种种理由的认知将我们带回本章的起点。我们能看到教育诸多方面所特有的长处和价值：博雅的和实用的,抽象的和具体的,通识的和专业的。那么,作为教师的我们该如何思考教育的宗旨呢?

六、重温教育的宗旨

教育的宗旨使教师和学生都感到困惑。我们认为大学应该传授技能。然而,大多数人,无论他们是律师还是木匠,服务生还是农民,都在参与工作的同时学习必要的技能。我们认为大学应该传授具体的思想和知识,但大多数人在短时间内就忘记了在大学所学到的大部分知识。我们一般认为本科是进一步深造的必经之路。而职业研究生学院的入学要求往往与真正的职业和工作经历无关。这种种事实似乎都在质疑着我们多次接触过的关于实用性和普通文化的观点。如果我们决定起个大早去学校教课,那就必须拥有比这更牢固的信念。

超然的思辨无济于事。教师们并不关心广义上的教育,他们不在乎中世纪的神学专家、学习使用毒箭的雅诺马马族孩子,以及督促学生们拼命准备全国大学入学考试的日本高中老师,这三者间的某种理论上的联系。在教育的"战壕"里,我们的问题是针对战术而非战略:并不是为何而战,而是要努力再攻下一座山头——教授下一堂课,设计一门新的课程,等等。

这类战术目标不一定是小规模或狭隘的。社会学家在研究第二次世界大战中士兵的动机时,发现士兵们奋战的原因是与朋友们并肩作战。没有朋友的士兵更倾向于投降,无论他们多么认可这场战争的目标。这似乎是对军纪的一笔可悲的评论。

然而友谊并非一个微不足道的目标,它甚至与自由和掠夺同样重要。教师也是如此。他们的教育目标是针对局部和直接的,但不是小范围或狭隘的。然而,教师之间对于这些简单而实际的目标也存在着很大的分歧。我们都有战术,但战术多种多样。

我们一部分的困惑源自难以了解学生们的目标。学生们知道应该相信"职业准备"和"自我发展"以及其他类似的陈词滥调,他们往往也会出于礼貌复述这些陈词滥调,就好像他们真正相信一样。但我们永远无法确认。学生们内心的想法远比这些陈词滥调更模糊和易变。此外,学生在和老师接触时常常投其所好:告诉一位老师自己专注学习,告诉另一位老师自己关心时政,而和第三位闲聊体育运动。可以肯定的是,相比于规模较大的大学,小型文理学院的老师们对于学生的了解更为深入,这不足为奇,学生们在面对更年轻的教师时更容易吐露自己的心声。然而一位坦诚的教师必须意识到,大多数时候,我们根本不了解学生想从教育中真正得到的是什么。

在很大程度上,这种无知源于我们过多使用讲座进行授课。放眼望去,一个老师面对着500个学生授课。有些学生在记笔记,有些则在网上冲浪,还有些在窃窃私语。他们究竟在思考什么?考试中的作答表明,即使是那些认真听讲的学生,也会将一堂讲座出格地错译成他们自己思想和目标的"小宇宙"。即便是一节规模较小的课,这种差异也是显而易见的。我曾教授过一门关于"教育的意义"的课程。其中有七位学生：一位将正规教育视为社会改革的途径，一位将其视为一种可憎的压迫形式，一位认为自己的个人发展与其毫不相干，一位认为学习只是一种非常愉快的经历，一位希望我能说出教育的宗旨是什么，而另外两位则出于实用性、自我发展、大众文化等官方理由，坚定地投入到目前的教育体系中。

教育的宗旨不但对于学生们来说是形形色色的，教师们同样对于教育有各种各样的理解。有些人像我一样，从小就对学习充满兴趣。有些人认为教育是一种政治手段，一个让年轻人信服某种真理的机会，或是为了维护某个性别、种族或民族，抑或宗教的利益。也有人把教育看作履行某种义务，为了答谢那些他们过去受到的帮助，无论是帮助他们摆脱贫困、浅薄、无聊，还是危及他们青年时期的其他类似问题。

这些目标并非那么系统或缜密。教师们不会一觉醒来就决定"今天我要告诉这些男生他们曾如何压迫女性"或者"今天我要教给蒂娜·约翰逊一些写作技巧来帮助她找到一份好工作"。相反，这些目标只有在学生们问起老师为什么教这些内容、为什么教这类话题、为什么选择这一领域时才会出现。他们通过这些战术性的目标来理解他们的日常工作。

然而，正如学生们"事业心"和"自我发展"的说辞掩盖了更深层的事实一样，教师们的此类态度也掩饰了某种东西。

对于学生来说，被掩盖的真正目标是微妙而模糊的，而这些目标会随着他们日复一日地尝试新的自我而变化。但教师相对学生更年长。中年更为固定的身份意味着在他们形形色色的思想观念的外壳下，教师对他们的事业具有更为一致的认识。从事教师职业的人几乎都是毕生热爱学校和教育的人，而即便是再深刻的政治分歧在这一事实面前也会淡化。尽管他们所表现出的差异往往很极端，但他们的许多想法都遵循着类似的模式。

首先，教师认为大学教学就好像赠予一件东西。我们所赠予的东西有一个特殊的性质：它是用之不竭的，甚至有时在传递给另一个人的过程中能自我增长（自生长）。诚然，大学老师有时会感觉自己像一长列队伍中的一员，试图用手把手的方式把水从沙漠的一端传递到另一端。他们小心地拿稳盛水的杯子，以免把这珍贵之物洒到地上，尤其是当学生们似乎缺乏能力或兴趣去学习一个老师拼命想教的东西时。然而，虽然我们常常感到教育的不确定性，但是我们经久不衰的感觉则是一座不断溢出的水库，或是一条河流，年复一年，把滩地灌溉成肥沃的土壤。年复一年，学生们逐渐成熟起来。年复一年，当春天到来时，他们变得更加聪明伶俐，心智更为成熟，即便他们曾在一月和二月蹚过了一段充满无尽误解和错误的泥沼。

这条河流并不单单把货物从学术生活的高原带到下游。老师们也不仅仅是从危险的腹地航行归来，像贩卖微积分小玩具的商人。相反，这条河本身为年轻的心灵带来了养分，孕育着他们思想的果实。老师们不过是年长的农夫，他们知道如何利用这条河里取之不尽的养分，如何透过河岸贩卖的商品看到这条河本身的富饶。每个老师都知道教育绝不仅仅关注那些小装饰品——材料。它绝不仅仅教给学生"咳嗽"一词的正确拼读，或一条法律如何在美国通过，或者如何推导斯托克斯定理。它所关注的总是掌握学习这类知识的方法，有助于培养这种学习能力的思想结构，以及一种内在的批判性和创造性的立场，一种被称为"渴望学习"的态度。从学龄前教育到大学，相比教材本身的内容，出色的老师们往往更关心更内在的目标（meta-message），即学会如何学习和如何热爱学习。然而，大学教育相比任何其他阶段的教育而言可能是最强调这种内在态度的。因为到了大学，学生们能够意识到可以学到的知识的惊人广度，但他们还没开始走向通往职业知识的那条日渐狭窄的道路。

这种对学习的内在态度主要涉及思维的习惯，并非感官或行为的习惯。作为一项日常工作，教育首先是关于认知的，而不是情感或行动。这并不是说，我们能够面对大量、一起生活在复杂社区中的学生组织教育，而避免用日常经历填满学生的生活。这些经历恰恰构成了一套关于情感和行为的全面而隐性的课程。寝室生活、谈恋爱、丰富多彩而充满纠纷的各种课外活动：这一切都在学生的日常生活中起着重要的作用。事实上，大学投入了大量的时间用于规划和构建这第二个"课程"——在宿舍里、心理诊所以及学院院长的办公室内。

然而,大学所教授的情感和道德方面的价值观不足以构成一套有条理并尚在使用(living)的课程。的确,在过去,当高等教育还属于一个小规模而有自我意识的精英群体的特权时,人们通常至少会对道德课程进行坦率的讨论。领导力、价值观和品格应当在某些特定的结构和形式中培养,体育就是一个明显的例子。(我不认为有人曾认真地讨论过一种情感课程的正式结构,其结果则主要是以一种欲说还休的方式控制学生对于性的学习。)但情感和道德课程不是大学生活的中心,无论我们如何相信大学经历涉及某些特定的价值观和感情。大学重在对于思维的教育。

让我总结一下目前的观点。对于教师来说,大学教育是一种赠予。而所赠予的东西并不是一部分特定的教材,而是内心的态度。这种态度是关于认知,关于学习,而不是关于情感或行为的。

其次,这种认知的立场和这种学习的态度具有一种普适的特质。"大学"(university)和"普适"(universal)之间的密切联系绝不仅仅是相同的词源这么简单。当然,大学永远不可能完全地肃清地方和局部的利益,正如一个人不可能从其思想中完全剔除他特有的个性,直到死去的一刻。然而,大学正是一个伟大的尝试，试图建立差异然后克服它们，以无数种方式想象自然、人类和梦想的世界，然后根据他人的思想重新构造这些想象。在最极端的情况下，这种创造性的梦想是高级研究和反思的目标。然而，它不仅属于教师。大学引导学生进入这一梦想和想象的事业。在大学里，我们赋予他们创造和批评自己的梦想、了解世界，以及在需要时重塑知识的能力，如果需要的话，这种能力无需报纸、电视、书籍或互联网的帮助。

正是出于这一原因，而非任何其他原因，教学和研究是相辅相成的。本科生没有理由成为被提前职业化的研究生。但他们完全有理由学习驱动所有伟大研究的批判性创造力。这种批判性的创造力同时也是在浩瀚的网络中学习他人的思想，以及用前所未有的方式想象和理解一件事物的能力。这种能力是万能而通用的，因为任何由人类产生的思想对它而言都不陌生，因为想象新事物的能力是属于每个人的天赋。我并不在乎"确保维护每个人的利益"的琐碎普遍主义。相反，我关心的是一种真正的普遍主义：进入广阔的知识网络以了解他人的思想，并同时进一步认识自己的思想。

尽管这种批判性创造力看似模糊不清，但其背后的理念适用于科学以及其他领域。科学家只是希望学生先打下更坚实的基础，然后再允许他们转向批判性的创造。人文主义者和一部分社会科学家允许接受相对较少预科训练的学生着手处理这些领域中的主要问题。然而，这两类学者殊途同归——他们都期望学生获得一种善于分析并同时富有想象力的求知态度，一种标志着独立、有思想的心灵的态度。我们都用自己的语言描述这种态度，而正因为使用各自的语言，使我们之间产生了很多争论。但是，人文科学"真正关注的是创造力"，而科学"真正关注的是正确答案"，这样的概念是完全错误的。最终，我们都在努力地传授同一种一般的思辨态度。无论这种态度被称为批判性思维，还是分析性推理，或独立知性，或是学会如何学习，或者其他什么，它在每个课程中都或多或少是相同的。

任何课程都无法单独实现这一教育的中心目标。大学阶段，教育完全是一个团队的事业。一位教师可以单独教授对称群，或分层理论文献，或哈贝马斯的社会理论。但没有任何一位老师能够独自塑造一个具有批判性思维的头脑，一个终身学习者，一个善于分析和独立思考的人。只有经历一门又一门课程的挑战，面对不同的老师以及他们不同的学术风格和追求，年轻人才能获得独立思考的能力。人的思维需要经历各种挑战。批判性创造力的培养无法依赖一套教学大纲，也无法依赖固定的模式，更没有神奇的药水。不过有些因素的确可以阻止这种思维的形成——日复一日地听讲座课可以很好地阻挠这种学习。但即便身处一个有利的结构，任何一个人也无法只通过一节课形成这种思维。

这种团体主义对于教师尤其是行政人员的影响是痛苦而真切的。因为我们传授的最重要的东西实际上是一种集体性的课程，而其进展不能以每节课为单位来衡量。一个学生的能力正是通过面对不同的解释和思维习惯才变得更强。因此，课堂教学评价所强调的恰恰是无关的，而同时牺牲的却是本质的。我们不知道一位教师传授教材的能力与他或她对于培养批判性和独立思维的总体计划的贡献是否有关。事实上，我们几乎无从得知个别课程是否适合这个总体计划。毕竟，一些非常成功的高等教育系统完全不采用结构化的课程；牛津和剑桥都是众所周知的例子。

奇怪的是，这种团体主义同样出现在大学的课程体系中。每个学生在大学中都遵循自己的学业轨迹，一门课可能在某一阶段十分有用，而在另一阶段一无是处。它也可能以不同的方式满足两个学生不同的需求；一个学生可能需要纪律，而另一个学生则需要一定鼓励去追逐梦想。如果有人认为我们能针对每一个截然不同的心路历程设计出一套优于通用模式的课程，或者认为某门课程的某一版本应该优于另一版本，因为其"鼓励自由"或"传授分析能力"，那就再愚蠢不过了。老师也是如此。世上存在不只一种理想的或完美的老师。大多数教育理念的一大荒谬之处，就是相信所有的教学方法都应该是一致的。这显然是错误的。只在苛责和挑战下培养出的思想是过分填充、挑剔和骄傲的,而只在温和与谆谆教诲下培养出的思想是软弱、草率和自满的。杰出的思想必须曾面对过这一切。

但是,我们不能依靠大多数学生——尤其是大部分于青春期后期进入大学的学生——为自己寻找机会去面对不同的教学方式。因此,课程的中心目标是防止学生们经历平淡乏味的教育环境。这种平淡更多指的是教师的重复,而非学科的雷同(尽管这很糟糕,但确实如此)。教育的意义即是面对陌生、困难甚至有威胁的思维方式。有时,学生反感某种教学方式,因为它看似与自己毫不相干,或采取一种自上而下的压迫形式。这种盲目的教学方式才真正与教育背道而驰。

教师的多样性也有其现实原因。没有两个一模一样的学生,也没有两个一模一样的教师。如果每一个学生都能经历许多不同类型的老师,教育的质量就将会提高:理论家、通才、超级专家。因为这种多样性使一个学生更有可能在某个地方发现一位思想和他相近的老师,而这位老师能帮助他找到最适合自己的一种理论和实质、归类和关联之间的平衡。正如没有完美的课程一样,同样没有完美的教师。相反,每个教师对一部分学生来说都是好老师,而对其他学生来说却是坏老师。从这个意义上讲,重要的是我们将每个学生遇到那些最适合他的老师的机会最大化。

总之,教育的中心目标是创造一个无畏的心灵,它既有批判的能力又有创造的能力,一个准备好终身学习的心灵。但还有一个更深层次的问题,即教育的内容。是否有某些思想分支,它们如此的重要,以至于没有一个真正受过良好教育的人能避免学习它们?

答案是肯定的,它们最为简单不过。在每种情况下,相对于精通一部分内容,问题的关键更是得以获取某种类型的思想,并将其作为自己思想的重要基础而承诺终身不放弃这种思想,即使人们会忘记它的细节,甚至以后会忘记它的通则。例如,一个受过良好教育的人可能不懂微积分、抽象代数或数论,但是他不畏惧用数学的方式思考,也不会对那些有数学天赋的人不怀敬意。任何屈服于这种畏惧的人都同时放弃了教育的基本目标之一。我们生活在一个以数学为基础而建立的社会,从计算机芯片到经济预测再到民意调查。害怕用数学的方式思考就等同于畏惧生活中的整个领域,不管人们如何巧妙地用认识论的遮羞布来掩饰这种畏惧。同样,受过良好教育的人也必须具备理解极为复杂的文献的能力。这些文献不单单可以是文字形式的,也可以是图像或声音。(的确,经历了十七载充斥着电视和流行音乐的春秋,学生们已经将许多这类"文献"熟记于心,尽管他们可能对其更复杂的含义一无所知。)但更为重要的文献是以语言文字形式出现的。一个受过教育的人不但应该能阅读并深刻理解现代小说中电影对白似的对话,而且应该能掌握错综复杂并极为正规的写作，无论它们来自现在还是过去。一个在英语体系下受过教育的人不仅应该能够阅读并分析任何追溯至莎士比亚的英文文献，而且应该能够充分理解所读的内容，对其中的典故和符号了如指掌，并能够剖析文中不同层次的含义。[12] 就目前以及可预见的将来而言，这是一种建立在书面文本之上的文化：法律文件、新闻杂志、组织团体的备忘录、小说。直到复杂的线性思维能够清晰地以图像的形式被呈现（迄今为止仍未出现相应迹象），精英文化将继续被语言文字形式的文献所主导。理解这些文献的能力是每一个受过教育的人不可或缺的。毋庸置疑的是，这种理解能力必须伴随着逆向的创造文献的能力。受过良好教育的人能够作文，并能够写出漂亮的文章。

这两种广泛的认知类型——数字的和文本形式的——通常与两个广泛的主题有关：自然世界和社会世界。一个受过良好教育的人应该能认识到何谓"理解"这两种世界。一方面，他或她应该理解观察和实验的逻辑：如何对一个自然对象进行概念化、测量和分析；什么是因果关系；科学理论如何同时具有权威性和适用性。至于涉及的领域是物理学、化学、地质学还

---

[12] 我不会试图指出——即使是以一种含糊的形式——中国文化中相应的要求。读者可以自己进行查找。

是天文学，这一点并不重要。一个受过教育的人能认识并尊重科学事业的本质。与学习文献一样，这种认识只能通过行动来实现；实验室里的工作是无法替代的。

另一方面，教育包含了对人类世界的了解，这项任务则更加复杂。因为与自然世界相比，人类的世界同时是注定和自由的，一个因果性和充满意义的世界，一个同时受数学和文本分析影响的世界。一个受过教育的人必须认识到这种模棱两可，并且能够以两种方式推理社会科学的核心问题：人类如何相互沟通和彼此影响？社会结构的本质是什么？人与意义如何碰撞？社会科学与自然科学的准则一样：只要学习的重点不在于其科目的工具，而在于一个中心问题，即人类在群体中的生活，那么遵循哪种学术方法并不重要。或许正是出于这个原因，社会科学的博雅教育似乎很成功地从经典著作中延伸了出来；较少受到来自"等量曲线"和"亲属关系体系"等细枝末节以及学科间其他暂时性真理的干扰。

在一个由众多国家和文化组成的世界里，两个最终要求尤为重要。首先，受过良好教育的人应该能够熟练掌握一门外语，以便能够了解在不同语言以及其相对应的文化系统间相互转换的困难。发展心理学已经表明，这一能力的达成与否在13岁就决定了。但是年纪较大的人的确能成功地学习并掌握语言，一个受过教育的人更没有借口不掌握一门外语。

第二章 教育的宗旨：师者的视角

其次，一个受过教育的人应该从根本上深入了解至少一种先进的文化体系——沿用其旧名称，一种"文明"。无论这种文化体系是他或她自己的还是别人的都无关紧要。对于大多数今天的美国学生来说，19世纪的英国与日本、印度或刚果一样都属于另一种文明。学生所必需的是关于价值观的知识，是认识到每个文明如何努力实现一种属于自己独特形式的人类目标，以及这种努力如何构建着一个人类命运共同体。这种知识包含着一种对待文化的百科全书式的态度。这与旅游、大教堂观光以及去餐馆就餐等"他者"的消费活动恰恰相反。反之，一个人要做到立刻——不依赖旅行指南而自发地——理解宗教场所如何与日常生活密切相关，历史如何塑造风景，种族群体间如何互相连接和分裂。了解一种文化要做到同时了解其好的方面和坏的方面，艺术和垃圾，宏大的加冕礼以及婴儿护理的平凡琐事。通过这种知识，受过教育的人能够知晓一股广泛的文化洪流如何试图成就人性，所谓的价值观是如何被建立和实现的，每个人如何在巨大同时又微不足道的人生历程中成功和失败。

了解这一切的人可以自诩受过教育。然而，了解这一切不过是第一次见证教育的征程是多么的无止境，仿佛一个人通过掌握这些知识领域，从冰川的深处攀登至高台之上，并突然间第一次眺望到远方真正的高峰，以及更远处那些一路延伸到天地之交、此起彼伏的一座又一座山脉。接受教育的过程就是首次认识到自己永久的不完整性，并下决心不断努力去克服它。没有正典，没有一份可穷尽的书单能标志着受教育本身。精通这些所谓清单的人是愚蠢的。相反，刚刚给出的宽泛的课程要求只是一个框架，而人们可以在这个框架中认识到什么是真正了解自己的世界。获得大学学位之后，年轻人便担负了博雅学习的义务。在五月或六月的一个明媚的下午步入"受过教育的男女团体"意味着一个人将清醒地认识到学习的征程才刚刚开始。25年后，在大学校友聚会遇到老朋友时，人们将非常清楚地看到谁还继续着这场征程，谁又已经放弃。

我曾把教育比作一条河流，为年轻人带去营养。我曾称它为一种学习的态度，一种思维习惯，并强调它的普遍性。我曾将它定义为一种共同的努力：它并不以点滴学习的形式出现，而是从大学中广泛的学术经验中涌现出来。我刚刚概述了其内容的整体特征。现在我想讨论的是，教育究竟不是什么。

教育不是生意。有许多人认为学生或他们的父母是需要被满足的顾客，就像那些买鞋、理发或去夏威夷旅行的客人一样。但是教育不是这种交易，抱着这种心态的人也不可能成为优秀的教师。有些技巧可以用这种方式传授，例如基本的外语口语训练，SAT，或其他单选考试的培训。然而，尽管人们必须付钱雇我们教课，我们试图传授给学生的核心内容依然不能用金钱或任何其他尺度来衡量,起码作为一名有 30 年设计社会调查问卷经验的资深专家,我想象不出这样一种"尺度"。没有任何一种公制或者衡量产出的方式可以评估学生"所受的教育",因为教育不是可以选购的商品,而是需要亲身经历的自我改变的过程。

协调教育和金钱之间的交易是管理者不情愿从事的工作。管理者无时无刻不在为预算发愁。他以拒绝别人和树立敌人为生。他知道用金钱或其他手段直接衡量教育就等于摧毁它,除非他是个傻瓜。你可以根据有多少学生坐在教室听讲来评价大学里的一个系,而且可以依据这一评价确定给它的预算甚至为其加薪。但是这些数字到底意味着什么,学生们在学习还是在敷衍,是院系的努力还是意外所得,讲座精彩绝伦还是仅仅被安排在了一个受欢迎的时段——这一切管理者们都不得而知,而且,令人惊讶的是,他们几乎无法得知。如果你抱着数量等于质量的理念管理一所大学,那你将自食其果。

因此,管理者必须要有两副面孔。一方面,他们必须跟受托人和其他管理人员商谈资金问题。他们必须把有关资金的坏消息(几乎没有其他消息)传达给同事们。另一方面,他们必须和教职员工讨论教育问题,并且必须带给受托人同样糟糕的消息,即教育是一项极其昂贵却模棱两可到令人恼怒的事业。大部分受托人都认为教师们很懒惰,他们整天除了和同事聊天、喝咖啡、教一节或最多两节课、给那些助教偶尔错过的论文打打分之外什么都不做。管理者的职责是劝双方都理智一些，这的确是件令人不愉快的工作。但教育绝不是一门生意。

大学教育从真正意义上讲也不是一项职业。它带着许多职业的标签：职业生涯早期的大量培训、服务费、内部职业操守等等。教师有独立的组织规则，而这曾经是其他职业的一大特点。但与大多数职业不同的是，教师并不会针对具体的问题提供具体的解决方案。通常，他们单独为一群学生授课。相反，他们的学生"客户们"把自己看作在惠顾一群教师。因此，与职业工作不同的是，教育具有网状的特性。典型的大学教育就是把原本殊途的老师和学生编织成类似一套打满补丁的被褥的经历。更重要的是，"客户们"从这个网络中获得的东西在短期内是完全不可估量的：一种思维习惯，思考的态度，以及理解自己的方式。这类东西往往要到多年后才会完全成形，直到未来的经历最终体现了往日教育中的方方面面在我们生活中的意义。

因此，教育工作不构成一项职业，正如教育本身不能被看作生意。而迄今为止，教育也不能被看作一个政治体系——民主、独裁或是其他。因为教师和学生都具有双重角色。从某种意义上说，他们是不平等的。教师拥有学生所缺乏的知识和经验。教师已经考虑过学生们学习教材的各种方法,并且了解(通常过于清楚地了解）其他人学习相同和相关教材的情况。相比之下，学生拥有一种老师已经失去的新鲜而开阔的思想，学生有理想、活力和兴奋感。因此，老师和学生都可以期待向彼此学到不同的东西。

  然而在另一种意义上，二者是平等的，因为教育是永无止境的，伟大的教材确实有无尽的多样性。我每一次讲授马克斯·韦伯的《新教伦理与资本主义精神》都会发现新的思想和问题，即使学生们那些年复一年重复的误解让我发疯。[13] 事实上，即便最普通的教材也可能突然变得令人兴奋。我研究生统计课的教授每天走进教室后都只会问我们（在统计教科书中！）对上次的阅读作业有何问题。有个同学曾问起相关系数的概念——一个相当基本的统计指标。老师就让我们念出公式（他已经不屑于关注这类细枝末节），然后把它写在黑板上，乘以各种各样的东西，以各种方式重新表达，并将其带入新的等式。这堂课结束时，他推导出了一个全新的结果，把它从黑板上抄了下来并随后将其发表了。那些想把统计学作为细则手册来学习的学生从这堂课中得到了他们所应得的——几乎一无所获。对于那些意识到统计学不是死气沉沉的机械装置，而是一

---

[13] 每个老师都曾有过一种荒谬而不可避免的感觉："我去年曾经教过他们这个，为什么他们当时没记住？"我们似乎无意中把一个事实抛在了脑后，那就是去年来上课的是不同的学生。

种鲜活的思维方式的学生来说,这节课则是关于数学思维习惯的深刻的一课,是真正的统计学"教育"。

因此,课堂既由一群平等的人组成,同时也是有一个领导者的小组。当然,课堂也可以从政治的角度来解读,这个分析众所周知,在此不再赘述。但是,如果我们坚信它从本质上是有政治特征的,我们就会尽力阻止它向其他方向发展的任何尝试。那么教育,至少我所理解的教育,就不复存在了。

因此,教育不是生意,也不是职业,更不是政治体系,甚至使用这三种量规的任意一个进行分析都能产生有趣的见解。但它们并没有抓住教育事业的主体甚至其本质。

然而,正如教育不能被看作一些东西,教育同样——至少从这个意义上来讲——不能教授一些东西。有很多东西是每个人都必须知道的,这些东西不能在课堂中教授,还有不少这样的东西是根本不能被教授的。其中有些是坏事,是那些我们希望年轻人永远不用学到的东西。正如卢梭在《爱弥儿》的结尾痛苦地认识到,人们只有通过亲身经历才能理解这些东西。卢梭举的例子是欺骗,而我们当然和他一样,希望学生们别在课堂上学到它。

但也有一些**好**的东西是不能在教室里教授的。其中最重要的就是对他人和其他文化真正的尊重——目前在美国教育中被称作"多元文化主义"。作为课程体系的愿景之一,多元文化主义与对文化差异真正理解的相似程度等同于麦当劳与正餐的相似程度。正如我之前讨论文明时提到的，理解多样性不仅仅是道义上的需求，更是认知的需要。教育中没有任何话题比这一点更为重要，即个人的观点是被所谓"纯粹知识"以外的其他东西所深刻影响的，特别是被人们社会地位的方方面面所塑造的。很少有哪种认知过程比这更令人震惊，即当人们认识到这种塑形比所能想象到的还要深：社会对于人们理念的塑形无法被消除，只能被改善。

任何一位试图在课堂上传授这一更深层次的认识的老师都会意识到这几乎不可能做到。一个人必须亲身经历文化误解才能深刻地了解它，才能像卢梭那样悲伤而清晰地明白。老师可以给学生描述其他地方和时代，可以让学生们讨论他们之间的差异，但真正的差异隐藏在这些讨论中。多年来，学生们一直掩盖着这些差异，并且已经学会如何把自己伪装成自由派、激进派、偏执派或其他他们决定佩戴的意识形态"面具"。的确，我们这一代人竭尽全力地教导学生们认识这种差异，而这种努力最重要的结果很可能就是：以一种的确非常有效的方式教会他们在社会中的伪装之道。这可能有助于社会交往。但对他们的思想却有着致命性的影响。

可悲的是，真正的差异是泪水和战火铸成的。当你失去一个心爱的人，因为某些词对她有不同的含义时，你才能理解它。

当你试图帮助一些人，而他们却讥笑你带有优越感的屈尊和卑鄙时，你才能理解它。当你听到别人用他们的话语复述你的经历，而发觉在这复述的版本中你的经历已所剩无几，你才能理解它。当你了解到出色的翻译终究是不存在的，而出色的翻译是人类为数不多值得尝试的事情时，你才能理解它。国家、文化群体、阶级甚至自我与他人之间的真正差异是如此令人心碎的深刻。仅仅通过大学的一门课，或与一位不同肤色或国家的人自我感觉良好地交谈，你无法理解这种差异。

我们的多元化教育搞得如此糟糕的原因之一，就是精英大学中的所有学生都或多或少怀着相同的总体目标和抱负。他们都想进入他们脑海中的、无论多么模糊也令人心驰神往的那个精英圈子。他们的文化遗产中任何与这精英阶级价值观直接冲突的部分，最终都会以极大的个人代价被保留或被完全抛弃。我并不是在讨论那些次要的方面——口音、对服装和食物的偏好等等——尽管精英的版本在这些方面已经具有足够的统治力。相反，我讨论的是价值观。精英阶层崇尚野心和远见，看重精湛的认知技巧，重视个人的适应能力。然而，一代又一代的美国大学生都来自那些极度不信任其中某些或全部价值观的社区，无论情愿与否，他们都发现自己与传统文化的联系被切断。令人遗憾的是，伴随着个人选择和同伴压力，精英院校的学生们在很多极为重要的"文化差异"方面被同质化了。

第二章 教育的宗旨：师者的视角

从道德出发去理解差异，这只是更广泛的道德教育的一部分。我们确实远未就道德课程的目标"是什么"或"应该是什么"达成一致意见。当然，在这一问题上有着著名的课程思想传统。但不足为奇的是，其结论也非常多样。

我们对德育课程的疑虑与我们对公共和私人的划分有很大关系。用约翰·齐曼（John Ziman）的话来说，认知能力属于"公共知识"。在西方文化中，有关道德的论证被视为更私人的问题，尽管自由主义下"公共市民"的概念——公民的平等权利和义务——为我们提供了一片公共领域，而我们在其中可以、也的确已经建立了关于课程的讨论。

因此，在更加私密的情感世界中，大学道德教育的难度更加明显。令人惊讶的是，我们的课程传统在教授情感技能和经验方面几乎毫无建树。我们甚至缺少一个课程传统的雏形。可以肯定的是，我们可以用一系列书籍构造一个课程传统：从卡斯蒂利奥内的《廷臣论》到上个世纪的礼仪书籍。但是至于私人情感，从对于异性特有的激情，到自我意识、利他主义、抱负等更为分散的情感，再到快乐和悲伤等简单的情感，课程中几乎没有任何的思考。我们把这些视为每个人仅通过生活经历就都可以学到的。固然，历史上的确很少出现过真正的"情感课程"。精神分析就是其中之一，它自称可以在总体上加深人的情感经历。有些宗教传统也具有类似的目的。毫无疑问，自古以来所有文学老师的梦想之一就是学生能从小说对情感的精湛描绘里学习情感。然而,重新阅读一部杰出小说的经历让我们清楚地意识到,这种学习的确是空洞的。你可以在17岁时阅读《安娜·卡列尼娜》或《红楼梦》。但直到你日后亲身经历了文中的某些教训,你才可能对其有深刻的认识。卢梭是对的。

如同过去常常发生的,我在思考如何给这样一个章节画上句号。但是,我无法从教师的角度出发,针对教育的目的提出一个确凿的结论。关于课程体系年复一年的辩论使得人们痛苦地认识到,教育永无止境,对教育的争论同样永无止境。经过这一番反思,我们几乎丝毫没有偏离古代作家、基督教教父或文艺复兴时期设定的议程。诚然,一些新的问题也出现了,而这些问题与现代人应该学习的知识的惊人广度有关。但事实上,类似经典和摘录汇编的概念比我们想象的还要古老。的确,中世纪的课程经常用关键字和其他"现代"工具进行规划,以便对大量的教材进行节略,而经典的概念当然和"四书五经"一样古老。

在此,最好以重申我在开篇提出的信条来结束此章。老师的目标就是赠予。而我们所赠予的东西有一个特殊的品质:取之不尽,用之不竭。的确,它甚至有时在被给予另一个人的同时能自我增长。想要恰当地回应这样一篇讨论教育宗旨的文章,这是很简单的:再教一堂课吧。

参考文献

[1] Abbott, A. 1988. *The System of Professions*. Chicago: University of Chicago Press.

[2] Abbott, A. 2001. *Chaos of Disciplines*. Chicago: University of Chicago Press.

[3] Augustine, Aurelius. 1947. *De Doctrina Christiana*. tr. as *Christian Instruction* by J. J. Gavigan, New York: Cima. v. 4 of *The Fathers of the Church*.

[4] Castiglione, B. 1959. *The Book of the Courtier*. Tr. J. Singleton. New York: Doubleday.

[5] Cicero, Marco Tullius. 2001. *On the Ideal Orator.* Tr. J. M. May and J. Wisse. Oxford: Oxford University Press.

[6] Dewey, J. 1966. *Democracy and Education*. New York: Free Press.

[7] Feynman, R. P. 1986. *Surely You're Joking, Mr. Feynman*. New York: Bantam.

[8] Montaigne, M. 1958. *Complete Essays of Montaigne*. Tr. D. M. Frame. Stanford: Stanford University Press.

[9] Quintilian. 1856. *Institutes of Oratory*. Tr. J. S. Watson. London: Bohn.

[10] Rabelais, F. 1955. *The Histories of Gargantua and Pantagruel*. Baltimore: Penguin.

[11] Veysey, L. R. 1965. *The Emergence of the American University*. Chicago: University of Chicago Press.

[12] Whitehead, A. N. 1967. *The Aims of Education and Other Essays*. New York: Free Press.

第三章　出版与知识的未来[*]

今晨非常高兴能有机会与在座的诸位一谈，我要感谢负责该项目的执行委员会邀请我来。在接下来的50分钟内，我想谈的话题包括三方面。首先我要对过去80年间的学术知识体系（scholarly knowledge system）做一综述。其次，我将对学术出版体系也做一类似的总览。最后则是从这两段历史当中生发出一些我们当前面临的问题。需要提前预告各位的是，我认为我们自身的主要问题在现下的技术革命之前就已经出现了。电子巫术（electronic wizardry）只是我们疾患的表现，而非病因。

在进入问题之前，我需要先提出一些定义和需要注意的地方。我所谓的学术知识是指由专业学术界及其他全职研究人员所生产的总体成果。而学术出版物则指的是上述群体所生产并消费的所有期刊、专著系列及以电子形式发表的作品。就领域而言，我主要论及人文学和社会科学，我将简称为人文社科（HSS）。之所以要做出如上限定是出于两个理由：首先，大学

---

[*] 原载《文景杂志》，2009年第4期，田耕译。

第三章 出版与知识的未来

出版社正是在上述领域当中占据着支配地位。第二个原因更为关键，即人文社科知识的演进和自然科学知识的演进遵循的规律有所不同。比如说，我们并不清楚对社会学和人类学来说何谓积累（commutation），何谓进展（progress），对文学研究和哲学来说就更加模糊。就此而论，将人文社科知识强塞入科学这个勉强组装的框套里面是不当的，而将其置于更为精致的科学知识的观念之下则更为不妥，这种科学知识观念通行于如今有关出版、图书馆以及数字化的许多末世预言中。很明显，那些启示录的作者并没有读过托马斯·库恩（Thomas Kuhn）。引文索引（citation indexes）表明库恩的这本书（指《科学革命的结构》——译者）截止到16天前已被援引了14796次。换言之，在过去的46年当中，每28小时就被引用一次。我认为这本书肯定不在期刊题录快讯数据库（Current Contents）之列，所以那些预言家一定将其忽略不计了。

I

现在，让我们回到我的第一个主题，即学术知识体系的演进。目前有关人文社科知识如何产生的社会科学研究还非常少。历史学家已经给不同学科的不同阶段指定了年表，社会学家虽已对自然科学予以毫不留情的剖解，但却未对人文社科加以留心。仅有少数信息科学家做出了一些很有意思的调查，他们非常惊恐地发现，人文社科的研究人员——至少在这些信息科学家眼中——在随机地借出和漫不经心地翻看一些书之后，会随手写就一些关于该书的含糊不清的个人感想。

鉴于缺乏证据，我本人已经在历史记录当中查找了一段时间，因此我可以借此机会向各位略为总结一下我刚刚写完的一篇长文，这篇文章的内容是关于上世纪美国的人文社科学者所进行的学术实践的历史。抱歉我没有包含加拿大的部分，实在是由于我找不到有关该国的类似数据。诸位将会注意到我所讲述的故事里面包含了许多人口统计信息（demographic information），人口统计信息——这一点毫不奇怪——在20世纪的学术著作演进中成为核心推动力。

"一战"之前，所有领域的人文社科研究人员当中取得博士学位的加在一起大约有1000人。而当时的人文社科领域当中，以图书馆为资料来源的占压倒性的优势，仅有少数像考古学和人类学这样的异类研究的是其他类型的资料。绝大部分的研究都是在不多的几个大学当中完成的，这些大学位于或是临近波士顿、纽约、华盛顿及芝加哥等具备一流图书馆的城市。教授和研究生在所在院系同时开展自己的研究，当时各院系都具备办公的空间，而且通常都配备非常方便的院系图书馆。各系教员自行决定本系要购置什么图书。

第三章 出版与知识的未来

尽管我们常常以为目前的电子工具能力卓绝，但在当时学者的工作环境中，参考书之丰富仍令人吃惊。就期刊目录（periodical bibliography）来说，《读者指南》（Readers Guide）及其在学术界的对等物《国际索引》（International Index）都产生于这一时期。就著作而言，尽管缺乏全国统一的分类标准的确阻碍了著作目录（book bibliography）的发展，但绝大多数美国图书馆仍然抛弃了在欧洲大陆通行的按照购书序列号将图书上架的做法，它们选择用杜威的办法——以著作主题来将图书上架。这就意味着在全美的大学图书馆中都可以实现按照主题进行浏览——其对研究工作的推进比起谷歌带来的革命亦毫不逊色。在档案和文献目录（archives and document bibliography）方面，后来的美国政府档案的索引编码还不如当时，与此同时，特别收藏已具备了全面的目录。

学术界在两次世界大战之间发生了剧烈的变化。首先，学者的数量在"二战"之前超过了一万人。但学科却保持着足够小的规模——一个学科一般来说有1500到2000个学者——这样教授们实际上可以认识本学科当中的每一个同行。如果他们愿意，还可以知晓本学科有哪些博士论文正在写作当中，实际上还能读完本学科所有的最新著作。正是队伍开始壮大的这一代学者将现代学术出版的体系稳固下来，我马上就会论及这一点。

然而，在这一茁壮并充满信心的学术界，一直以来的做研究的方式开始发生转变。人文社科教员失去了掌控本系图书馆的权力，他们开始受制于迈向集中化（centralizing）并且大力倡导效率与通识这一姊妹逻辑的大学图书馆。院系图书馆虽然没被取消但也只能寄身于集中化的格局当中，这样它们对教员的用处就大不如前了。图书馆员们造出了不少新工具来弥补这一损失。在期刊目录当中，《联合目录》（Union List）终于产生，学者们可以在全国范围内寻找期刊资料。图书方面则有全美联合目录（NUC，National Union Catalog）的第一波高潮，以及地区性的寄存目录（depositary catalog）和馆际互借系统的出现。在档案和文献方面，国会图书馆开始对所有的手稿藏本处进行普查，（英国）档案局（PRO，Public Records Office）最终发行了一版正式的藏品指南，而《文献目录》（Document Catalog）则继续成为美国政府档案的完整索引。

但两次世界大战之间真正的大事却是由学者——有时是研究型的图书馆学者——制作的用于学术研究的专门书目和工具得到了蓬勃发展。卷帙浩繁的《伦敦社会科学书目》（London Bibliography of the Social Sciences）、《美国历史协会历史文献指南》（the AHA Guides to Historical Literature）以及现代语言学会（Modern Language Association）以年刊形式出版的书目皆在此列。《公共事务信息服务公报》（PAIS Bulletin）无疑出自图书馆学者的手笔，但他们是一群身居研究性图书馆的特别学者，他们的作品很大程度上对准的是研究市场（research market）。上述工具无不超越了类似《读者指南》和《国际索引》这样的工具书，后者事实上已经成为普通读者而不是学者的工具。同样是在这一时期，学者和图书馆员之间首次出现了明确的分工：学者更青睐专门化的工具和院系图书馆，而图书馆学者则推崇通识工具和集中化了的（大学）图书馆。此外，这一时期的社会科学开始从完全依赖于图书馆中解放出来而越来越多地关注民族志、调查和定量等方法。

这一系统在"二战"之后再起变化。20年间，学术界再度膨胀至战前的两倍。学术界的人为色彩在消退，多数情况下也与自身的历史无甚瓜葛，在这个学术世界里面，许多研究在一夜之间被人飞快地遗忘，且势头不可阻挡。研究资料席卷而来，专业化作为应对手段亦开始高涨。对学者来说，知道自己专攻方向的绝大部分同行或许仍有机会，但若扩大到整个学科则断无可能。与此相似，学者们可以知道某一方向，但绝不可能是整个学科的博士论文。可以预见的是，专业化的学术期刊要开始兴盛了。

在一般性的知识工具方面，社会科学乃至人文学领域内的纯理论杂志（abstract journals）始现于20世纪50年代，不过其在人文学领域并不算太成功。极具扩充能力的《联合目录》

在40年代中期的确在寻找特殊资料方面对学者们颇有用处，而当《全国联合目录》的某版终于被刊行的时候，馆际互借程序也随之不那么麻烦了。到50年代末，《全国联合目录之手稿馆藏部分》终于开始就档案的收藏给出系统的指南，不过这和30年代《全国博士论文目录》出现时的情形颇为一致，作为工具这一目录的容量太小，也远远没有跟上时代的需要；历史学家早就开始指导自己的研究生关注地方性的题目并运用地方档案。与此同时，美国政府档案还在品质不佳的《政府出版物目录月刊》（Monthly Catalog）下艰难度日。简而言之，参考书系统的通用性得到了扩展，但学界基本对其持否定态度。

同一时间，专门化的参考书工具也在发展之中。一个典型的例子是联合国教科文组织支持下的《当代社会学》（*Current Sociology*），该杂志为月刊，每一期刊登一篇由专门研究者撰写的篇幅较长的文献综述并附一篇很长的参考书目。这一类型的工具书很明显对研究工作产生了支配作用。在此之前，我们很不情愿地看到研究人员已经抛开了图书馆员为了通用而制作的工具；调查显示研究人员要么是以口耳相传的方式，要么直接从别人的文献目录和参考书单那里获得自己的书目。也就是说，学者们对图书馆员为应对知识爆炸而专门制作的通识性索引已不感兴趣。在关于某些细部的工作中，他们或许会偶尔使用《统一目录》和印行的《全国联合目录》，但他们最主要的文献工作和绝大部分核心的在馆研究（library research work）是靠专门化的工具完成的。学者可以通过订阅或者购买来使用这些工具。也正是在这一时期，平装书的出现极大地增加了学者获取当前著作和经典文本的能力，而这些著作本身就附带丰富的文献目录。至此，许多社会科学家和为数不少的人文学者在其研究所需的大部分材料方面几乎可以不依赖图书馆了：通过个人搜集的数据，订阅主要的期刊和大量收集平装本的研究著作与经典文献，他们可以将绝大部分所需的资料集中在自己的办公室里，就像"一战"前的前辈那样。

"二战"后在馆研究也因此成为一个更为庞大的实体，人文社科学者也完全摆脱了对图书馆员的核心参考书及文献工具的依赖，只有在不得不如此的情况下才加以使用。而上述工具的进一步发展也就变得和学者们的在馆研究无关了。这一分离造成的结果之一是当70年代社会科学和人文学的引文索引从美国科学信息研究所（ISI）中分离出来的时候，需要进行在馆研究的学者们并没有表现出特别的兴趣。但其实这些索引是真正意义上的通用索引，其覆盖的文献相当于威尔逊文献库（Wilson bibliographies）的四倍并且用自动生成的题内关键词索引（KWIC）全盘取代了不含专业分工的人为生成索引的办法。不过绝大部分需要在馆研究的学者即便用也只是偶尔为之。他们老早就已习惯了专门化的工具，而且他们自己早已拥有了许多这样的工具。如果他们还需要更多的文献，那他们可以翻阅最近出版的专著或者求助于专门的文献目录。图书馆员的核心系统只是最后的备选。

转向专门化工具的过程在70年代之后仍在进行。美国学术史上所有的论文有一半产生于1982年以后，1995年以后写的博士论文就占三分之一。其结果是那些在早期针对研究越来越多而研制的专业化工具和技术开始失效，因为即使是在某一专业之内，资料的数量现在也变得极为庞杂。完全无视三流杂志上刊登的任何文章算得上是一个捷径，而且许多学者无疑已开始这么做了。但即便通过其他著作的参考书目来获取文献的做法现在也没当初那么管用了。

支持这一变化的证据虽不是一目了然，但却难以质疑。首先，平均来说，一篇社会科学期刊文章在今天所援引的文献要比半个世纪前多出四倍。而自50年代以来的一系列扎实的研究告诉我们，当时在所有的领域，三分之一的援引来自被引文献的某一页，而另外三分之一的索引则出自被引著作的同一页码范围。今天，所有援引当中提到具体页码或页码范围的可能还不到一成。也就是说，附在现代学术文章之后的援引书目其内容虽已得到扩展，但其中的绝大部分根本算不上是实质性的援引；援引某些新文献是为了预防某位审稿人的不悦，另一些则是为了表明自己是在这个或者那个行列里面站队，还有一些援引则只不过是粉饰其表的圣诞气球而已。这些因素都在吞噬他人著作的文献目录所能带来的学术价值,这种学术价值的根本在于援引本身是有所选择的,并且援引了实实在在的东西。类似的问题还出现在为数极多的所谓"文献综述文章"当中,这些文章附在许许多多的专著最后,看似要把该作者曾思考过的,实际上是曾经听说过的每一本书都罗列出来。

我还应当指出,索引到页的做法之式微所包含的另一含义,这一点对我们的前景至关重要。它意味着——我们对此应该直言不讳——在过去的50年当中学者们阅读他人著作的认真程度大不如前。

更广泛地看,许多领域在60、70年代都产生了新的结构来弥补专业化作为应对学术著作数量庞大的手段所具有的不足。我在其他文章中曾将这一结构称为"代际范式"(generational paradigms),它指的是在学科和次级学科之中将已经分出的专业方向再加以重组的做法,重新集结的组群对所在领域的实质问题、方法论问题以及哲学层面上的诸多论证会采取某一特定的立场并且在发扬该立场的同时排斥本学科的其他取向。就我自己所在的社会学来说,诸如研究越轨行为中的标签理论和新科学知识社会学(new sociology of scientific knowledge)这样的代际范式是非常普遍的。宽泛地就整个人文社科而言,性别范式(gender paradigm)是最好的例子,这一范式——其优点自不待言——不仅"合法化"地将之前几代人奠定的研究悉数草草抛开，而且还准备在新的立足点上重写全部人文社科研究。我们在经济学当中也看到了类似的现象，这门学科在行为经济学（behavioral economics）的名义下不动声色地将经济学偷换成心理学。

绝大部分人文社科领域当中都充斥着诸如此类的代际范式。这些范式允许学者们将数量庞大同时也尚未为人所知的早期研究置之不理，放纵他们随心所欲地去阅读和制造——至少在他们眼中的——所谓的重大进步。因此，代际范式允许学者们将自己的事业奠定在所谓的创新之上，而对于那些想仔细研究并反复阅读前人学术成果的人来说，在这么一个体系当中，真正的创新如果还有可能也是极为不易的。

代际范式的典型周期是25年，通常始自几个主要的主张，之后随着奠基人的门徒开始将细节分门别类，这些主张在经验研究当中也开始开花结果，最后，一旦奠基人的再传弟子只知墨守成规时，这一范式也就葬身于一片照猫画虎的操作之中了。说到底，诸如此类的范式表明——正如许多繁盛发展的领域业已表明的——时尚的逻辑（dynamics of fashion）亦开始支配着人文学和社会科学领域的学术工作了。也可以说，这些领域在某种程度上已经成熟，开始走向衰退了。

因此，人文社科的危机远远早于因特网和数字图书馆的启动。学术人口的飞速膨胀以及定位和获取工具（location and access tools）的迅猛发展从20世纪20年代开始就没有停止，而人文社科的危机正源出于此。图书馆员依靠编目（indexing）来应付当时的危机，并指望用编目来导引研究人员走出和不断强大的工具并生的混沌。图书馆学者的核心隐喻是向科学看齐，他们眼里的成功典范永远是自然科学，而目标则是将图书馆建成一个被所有人认同的身份、对所有人开放的场所以及所有人都能加以使用的机器。在这个意义上，数字信息造就的世界不过是这个耳熟能详的图书馆学大纲的最新版而已，而人文社科学者早在80年前就对此表示拒绝，是以当人文社科学者于上一世纪高歌猛进的时候，这一纲领于其中所扮演的角色之小实在令人吃惊。

与此相反，人文社科的研究人员，尽管都不同程度地依赖图书馆，却从20年代开始就从这一通识性的项目当中抽身离开并逐渐创造出专业化的工具和专业化的研究路数，当通识性的文献系统所能产生的只剩下近似无效的研究方法时，正是这些专业化的工具和路数确保研究人员能够避开这些无效方法。这些专业化的工具和路数所组成的突破通识系统的新系统在五六十年代成熟起来。因此它才在打破底线的竞争（race to the bottom）中继续生存，而有两项成果在这场竞争当中积累而成，一是美国科学信息研究所（ISI）数据库，一是WorldCat系统的诞生。但在70年代之后，这个新系统也沦为自身胜利的牺牲品并从学术降为时尚。代际范式开始支配人文社科的学术著作，原本因为资料庞杂所带来的危机也逐渐演变成了没有学术方向的问题。这一过程的最高境界是反经典的论证（anti-canon debates），它在真正的问题之外包装了民主化的修辞术，通常还佐以反智主义（anti-intellectualism）。有意思的是，在有关数字信息世界的话语当中，这一民主化的修辞总会成为核心，而这类话语自身也总是带有很浓重的反智主义的味道。

II

现在，人文社科的学术界作为一个实体的历史就是这样。那么这个实体用来留存自身成果的学术出版界又是怎样的情形呢？

有关上一世纪学术出版界的故事既包含极大的稳定性，又充满了变动。我会从稳定性说起，如果考虑到人文社科学界所经历的飞速扩展和转型，更出人意料的正是稳定性的方面。

首先，从上世纪20年代起，当学术出版体系已具备现今的体制形式时，同样的人就在这个体制内做着不变的事情。学者们至今仍以作者、评议人和读者的身份出现。作者至今仍然将手稿送交编辑处理，不同的编辑送上的鼓励和恳请也程度不一，

第三章 出版与知识的未来

但通常是可免则免。编辑根据质量、市场前景以及——如果是图书的话——成本对手稿加以选择。他们现在仍会接受免费服务的评议人的意见。主要的出版物仍是那两种，期刊文章和专著。今天许多期刊的背后仍有学术社团的支持，这些期刊会应商业出版社和大学出版社之请印行，有时也会成为正式出版物。这两类出版社都还在出版独立的期刊并且继续出版学术书。

考虑到大学出版社在 20 年代很大程度上还不过是一项无人敢于尝试的新事物，只在相当晚近时才从早期纷繁多样的出版机构中脱颖而出，学术出版在人员和角色上的稳定性的确是令人惊讶的。所有与书有关的不同工作——印刷，发行，采购，营销，编辑上的准备——都可在早期大学的制度设置下运转并以极为多样的方式在出版社、书店、图书馆和各院系之间周旋。但到 20 年代中期，交换和采购的职能开始稳定地由图书馆承担（偶尔书店也做），剩下的事情则全部由大学出版社通过成型的版本说明（imprint）—编辑—印刷—发行（distribution）模式予以接管了。到了 1927 年，差不多四分之一的学术期刊是由大学出版社直接印行，其余的期刊也多是大学出版社应订户要求印发的。在学术书当中，大学出版社出版了约 40%，商业出版社出版 25%，政府、学术社团以及研究机构出版 10%。

除了稳定的人员和角色，还有两个重要的方面自 20 年代以来也一直保持稳定。其一是学者的出版率。我们中大多数人可能相信——我自己在看到证据之前对此非常肯定——今天的学者在发表的量上要胜过前人。尽管今天的文章的确是比过去任何时候都多，但却没有明显的证据表明平均下来当代美国的一个人文社科学者在其学术生涯当中要比80年前的学者发表更多的东西。许多不同的证据恰恰说明今天我们和前辈学者在发表的量上是一样的。

这里恕不赘述细节。但有关发行期刊和出版图书的数量统计提供了大量的证据。在1927年，芝加哥大学出版社的主席唐纳德·宾恩（Donald Bean）就发现，对一个典型的人文社科领域来说，在其主要的学术团体当中平均每100到150人就会拥有一本期刊，平均每20到30个成员拥有一本学术书。波尔克（J. W. Bowker）在40年代末进行的类似调查也发现了相似的比例：平均每100到150个学术团体成员拥有一本期刊。1975年，通过科学信息研究所和《学术界》（World of Learning）分别获得了期刊数量和学术团体成员数量，在各个领域中每本期刊涵盖的学者数量如下：人类学家为124人，社会学家99人，政治学家131人，经济学家155人。人文学领域的状况则是哲学家63人，历史学家85人，文学教授128人。事实上，这些数字也适用于今天的状况。平均每本学术书涵盖的学者人数也差不多，可能略有增加。

如果我们想扩大证据的范围，那么特诺普尔（Carol Tenopir）

和唐纳德·金（Donald King）——两人均为"科学信息"文献的数据专家——在1997年复制了后者于1975年对全部"科学"文献进行的研究，1975年的研究将社会科学也作为广义的科学的一部分。即便将所有科学的领域考虑进来，论文数量与所有科学家人数之比仍然没什么波动。然而针对科学家的研究却发现科学家们声称90年代的写作量要比70年代科学家自报的写作量多出近一倍。目前尚不清楚这一差距有多少源于抽样框架的差异，有多少源于合著的增加，有多少是科学家的一厢情愿。

总的说来，即使是就所有科学来说也没有强有力的证据支持单位时间内每个学者的平均著作量有所提高。出版的大胃口来自人的不满足，而不是生产能力的提高。

因此，我们知道基本的人事和出版率都处于稳定之中。学术出版体系保持稳定的第三个方面，一个非常吸引人的方面，就是对这一体系的不满在过去80年中自始至终都没有间断——可以说从来都保持了同一副面孔。让我从唐纳德·宾恩1927年的报告说起。这份报告不仅研究了文献，也组织了一个编辑和学者参加的会议，而两部分的研究都包括长篇累牍的抱怨。二流品质的材料大量出现（31）和过度专业化（32）都遭到了谴责。与此同时，还有人抱怨那些读者群体很小但却非常重要的学术著作很不容易被出版。学者们对期刊这一形式本身也表达了不满——大量的毫无关系的烂文章里面可能夹杂着一两篇比较重要的作品（你看，他们都盼着JSTOR）。最后，他们也不满于出版的周期。宾恩的论点是，大学出版社在20世纪前20年的出现和发展本身就是大学对早期学术出版体系不堪重负的一种回应，之前的出版体系是以学术社团和少数类似史密森尼（Smithsonian）这样的全国性机构为基础的，但在自19世纪晚期以来不断增加的学术出版物面前，这一旧体系落在了后面（78）。

上述种种抱怨一直以来都令人咋舌又哗众取宠。我恨不得把全部演讲都集中在这一点上。我手头有一些花絮。克里（Chester Kerr）在40年代末研究了大学出版社。那么大学出版社又抱怨些什么呢？教员们用书和商业出版社作交易以及教员们有意与普通读者为敌的写作方式。耳熟能详吧？那么人们又怎么看待期刊呢？——根本没有足够的材料来满足如此众多的期刊（187）。似曾相识吧？

10年之后，韦尔特（Rush Welter）研究了关于学术出版的观点。他发现了什么呢？大学出版社的编辑们对拙劣的写作和结构松散的手稿抱怨不已。而作者则对书评寥寥和充满偏见的评议人感到不满。期刊编辑抱怨好的稿子太少而又臭又长的文章比比皆是。学者们的不满还是那些老生常谈，不过他们强调期刊上刊登了大量水平拙劣的研究。韦尔特谨慎地认为作者们：

第三章 出版与知识的未来

> 对自己所在的专业里出版什么表现得无所谓,这些出版物过高地评估了学者们眼前正在进行的工作,而没有对那些有助于形成真正有益的学术研究的著作实事求是地加以评价。

各位需要注意,那些抱怨评议人不好、编辑不善的作者却能有三分之二的书稿找到出版社接手,而其中并非出自博士论文的书稿的接受率高得惊人,达到88%。在过去两年中这些作者的投稿有87%最终被接受并出版。

70年代晚期,美国学术团体协会(ACLS)资助了另一项针对学者的大型研究。埋怨声依旧。作者们抱怨审稿既不公正也不及时。他们就自己得不到发表的作品大倒苦水,但所发表的作品数量说明他们实际上顺风顺水。读者们尽管对他们实际上读到的作品表示满意,但仍对有那么多低水平的研究得以出版表示不满。出版社方面,它们将50和60年代看作逝去的黄金年代并对学术作品面临的狭小市场表示不满——而对那些自命"清高"的作者所写就的曲高和寡的作品的批评仍旧在主要的报告中频频出现。学术杂志的编辑们抱怨烂稿子铺天盖地。后一种情形尤其令人意外,因为调查中的杂志有很多是新创办的,而一般认为新杂志——尤其是那些具有造反意识,觉得在标准的门户当中已无容身之地的专家所创办的杂志——总是欢迎投稿的。但即便如此，抱怨声仍然不少。

关于目前情形的证据也讲不出什么新东西。但我无须在此危言耸听，毕竟，我们中的绝大多数都非常真诚地相信目前学术出版正面临着危机。当然，我们面临的危机也总是同一个。大学出版社对缺乏足够多的既有质量又有市场的文稿忧心忡忡。负责采稿的图书编辑认为学界总是在写一些篇幅冗长、可读性差、无人需要且内容沉闷的书。期刊编辑对找到几篇好稿子也感到绝望。作者们则痛恨自己收到的糟糕书评，谴责出版时间的延误，遍览学界却发现自己的作品仍无可匹敌。当前的危机只不过是同一危机再度袭来——无论是对编者、作者还是读者都莫不如此，即我们"真实地感受到，就在此时，危机千真万确地存在"。但真正的事实是，所有上述埋怨都是由于这一体系的本性在结构上已被确定，它们更多地意味着健康而不是疾患。

这么说来学术出版在三个方面保持着稳定：人事角色，单个学者的出版率以及在结构上就注定会产生的各种埋怨。现在，我们该看看什么在改变了。

我们从外在的变化开始，即学术出版体系之外的变化。迄今为止最重要的变化莫过于学术人口的膨胀。而从20年代到70年代，当学术界已然扩至原来的10倍时，出版体系却还是老样子就不能不让人惊诧了。此外还有一些重要的技术变革。

第三章 出版与知识的未来

印刷成本在上个世纪变得越来越低，误差亦随之骤增（erratic jumps）。微缩胶片在30年代的普及终结了传统的博士论文印制办法并引发了一波短暂的幻想所有人都能读到所有已出版材料的欣快症（euphoria）——这与今天的欣快症非常类似。也许更为重要的是，平装本图书在50年代的大量出现不仅使得学者可以拥有大批书籍，也使出版社能够以非常低的成本再版图书，这一结局令两方都皆大欢喜，直至通过网络有效运作的全国二手书市场出现，让出版社对再版图书失去了兴趣。

从这一体系内部着眼，最好的办法莫过于通过涉身其中的行动者来理解各种趋势。对大学出版社来说，最明显的变化在于出版社的总产出及其在已出版的学术书中所占的份额均在持续升高。早在30年代之前，在所有非文学类的图书中，大学出版社名下的书所占比例即升至7%。截止到1950年，大学出版社出版了所有学术书的一半。在过去的15年中，我本人所在的大学从最好的五家大学出版社所采购的书要比从最好的五家商业出版社多出30%。

大学出版社的另一大变化是研究型编辑或者说专职采稿编辑（acquisitions editor）开始在50年代出现，这也是大学出版社之间为争夺文稿和人才而愈演愈烈的竞争的一部分。尽管这一现象通常被视为出版界的缺陷——研究型编辑会将本就不多的好稿子传来传去——但后来的记录很清楚地表明它其实标志着成长与健康。与之相关的一个变化是大学出版社开始和既是作者又是赠书人的本校教员渐行渐远,这是另一个显著趋势。大学出版社的最后一项变化,即国际化的市场营销同样开始于"二战"之后。到50年代末,国际订单在较大的美国出版社中已经占到了总销售的15%。

期刊编辑在上一世纪发生了重要的变化。其中最重要的是新期刊的稳定创刊。在30和50年代,最主要的创刊机制一直是专业化:绝大部分的新期刊都代表着更为专业化的某一方向。稍后,一旦专业化已经开始变得不可理喻,新的期刊更多地反映出新的方法论或是新的范式,这一点我在前文已经提及。编辑们永不停息的对于烂稿子的抱怨同样也催生了变革。投稿费从60年代开始得到稳步的推广。按页收费也常常被讨论但是从没实施过。更一般的现象是,编辑们可以无须审稿就将烂稿件打回,不过我们不清楚这一做法现在是不是已经成为惯例。

作者们的行事方式在上一世纪也发生了一些重要的变化。变化之一是他们不再通过所在地的出版社来出版其著作,这部分是为了有更多的选择,部分也是为了彰显自己地位不凡。另一个主要的变化是编写文集(edited volume)开始出现。编写的文集对启动代际范式来说非常管用,因为图书馆对主题统一的需要重于读者希望在一本文集里面看到水准相差无几的好文章的要求。尤其是对已经功成名就的作者来说,编写的文集可以避免写作过程的繁冗,以及以期刊为基础的同行评议的不确定。

作者对待期刊的策略也有所改变。成名的作者会把他们的研究助理提拔到合著者的位置以帮助他们求职。但是人文社科领域的作者——至少到最近为止——似乎并无意步生物科学的后尘,在后者的领域,流行的做法是将文章切割成小而又小的部分从而使得作者履历表上的著作数量得以增加。

讲到现在我还一直没有提到审稿,尽管审稿人也是我们这一体系的重要组成部分。但实际上,我恰认为正是在这个环节我们也许真的要面对新危机,虽说根据上文观点来看,这么讲有些突兀。审稿作为起初的非正式环节在70年代之前变得正式——甚至可以说是规范。这个变化意味着审稿将占据绝大部分的专业时间。如果每100到150人就有一本期刊,平均每本期刊每年有100到150份投稿,而每份稿件平均又有三个读者来算,那么一个学者平均每年要投一篇文章和评三篇别人的文章。图书行当也是如此。即使采用60年代的数字,我们也会发现每六个学者当中就有一人每年至少要读完一部完整的未刊书稿。考虑到为期刊和学术书审稿的工作集中在学术等级中最负声望的人那里,杰出学者所承担的份额毫无疑问要远远高出上述估计;今天,主要期刊的特约编辑(consulting editor)每年要审阅15到20篇文章,许多成名学者每年则要审阅三部甚至更多的未刊书稿。这么一来,为同行做出版前的审阅给第一流学者带来了极大的负担。实际上，审稿请求遭到拒绝的时候变得越来越多，这很大程度上是因为在电子邮件里面回绝已变得如此容易：为了拿到两到三个审稿意见，《美国社会学杂志》现行的惯例是要联系七到十人。而五年之前，如果用邮件往来，那么只需联系四到五名审稿人就能凑齐两到三份审稿意见。用电子手段经营一份期刊带来的效用就有这么大。

现在我们知道学术出版系统有些方面是始终如一的：人事结构，单个学者的出版率，承担不同工作的人所发出的各种各样的埋怨。我们也知道另有一些方面已持续在变化。大学出版社的总产出和对学术作品的市场占有率都已经提高，同行间的竞争在加强，采稿不再局限在本校教员而是扩大成为一般性的程序，同时还放眼国际市场。编辑和编委会纷纷创设新期刊，但不堪劣作之累的编辑们转而征收投稿费并在交付审稿人之前径直将某些投稿打回，这两项再加上些别的手段构成了编辑们的防范措施。作者们则开始寻求声望更为卓著的出版社并开始运用带有庇护/代理色彩的合著关系。他们所开创的编写文集这一方式既可避免同行评议的非难，还可以用来发展各种小的范式。随着以非正式手段控制未刊稿流向的做法失去合法性以及出版体系开始在许多时候承担起职业教育的功能，审稿人——其实是换成另一身份的作者——开始承担起大量的审阅所有材料的任务。

第三章 出版与知识的未来

如此看来，学术出版体系既有激烈变化亦有稳定不变的部分，那么势必有些连接机制将这些变与不变联系起来。

第一个这样的连接机制与大学图书馆有关，当然，我想说的其实也不过是一些显而易见的事情。事实很简单，这段时期内大学出版社的消长是很有规律可言的。出版社并不走极端，所以它们可以更改所要求的资助或是降低版税。或者它们能够并且事实上将诸如编目、获取授权甚至——在实际的运作中——排字等事项的成本转嫁到作者身上。它们还可以降低文档编辑（copy-editing）的成本或者干脆将其外包。余下的文档编辑则可以通过文字处理（word-processing）的革命不声不响地转给作者。至于印刷，出版社在50年代之前基本上已经与印刷业分道扬镳，实际上，大批出版社在20世纪后期也不再从事订单执行业务（fulfillment business）了。

因此，外面看上去似乎不变的大学出版社内部已悄然将其组织紧缩为由采稿、最小规模的编辑功能以及编写版权说明组成的结构硬核。不过出版社在好的年月也会扩充。版税时不时也会上升。声望工程纷纷上马。新期刊破土而出而老杂志要么被放逐到别的出版社要么直接停刊。因此，出版社的生存方式之一即在于紧跟时势的起落而扩大或是紧缩其职能与义务。这是一个长期而有规律的进程，因此，即便出版社倾向于紧缩，那也不是它唯一的选择。毫无疑问，此类无时不在的调整会一直持续下去。

期刊编辑则没有这类的惰性。他们需要差不多每个月都制作出一期新作。和出版社一样，期刊编辑也开始未雨绸缪。如果文章不够，他们就忙着开学术会议。实际上，能助那些水深火热中的期刊编辑一臂之力的是主题专号，对组织严密的学术团体而言，专号提供了一个避免常规的同行评议的机会并能以一种更为紧凑且方便读者的方式来运作这一期，用这种方法，等米下锅的期刊也得以注入新食粮。

读者和出版社以及期刊都不同，他们不是集团实体而只是不同的个体，因此不能坐待时机好转。为了对付难以捉摸的出版过程，他们所用的策略包括两方面。首先，正如前文所说，他们在20世纪当中已经发展出了各种各样的办法来钻双向匿名审稿制的空子：将编好的文集集中起来或者是待到编辑们黔驴技穷的时候发售一部分文章以供制作专号之需。更简单的办法则是一稿多投。如果掷骰子的次数足够多，那么最终一定会掷出两个六点。你也许不相信，但实际上最终是稿就能发，是书就能出。

这句话代表了我给学术出版界下的主要结论。它实际上是个搭桥体系，尽力给书和文章找到出版社和杂志。每个人迟早都能找到下家，不过在此过程中总会经受波折。我个人的意见是，如果历史地看，学术出版系统的生命力可谓极为顽强。它能在无须大动结构的前提下最大限度地提高自身的产出。它能够通过边缘的收放或功能的调整来控制自己的起落。尽管其前途并不平坦，但我认为这一体系极有可能在很长的一段时期内继续前行，我马上会讲到这一点。

III

现在，让我对前文做一总括。本文第一部分的主要结论是人文学和社会科学所处的危机与出版界所能或所不能并无关系。人文社科基本上是成也萧何，败也萧何。任何一个现有领域内的好书都是读不完的，不仅现在是这样，从来都是如此。自然科学也是如此，只是它们所遵循的逻辑不同。自然科学中的知识给人感觉是累积性的，因此新作对旧作可谓完全吸收以至于我们无须再单独去阅读后者了。过去积累下的有用信息被认为一直没有抛下。可以肯定地说，此说未必成立，只是科学家们全都非常真诚地相信这一点，所以科学在实践当中也就按照这个方式在进行，正如我在芝加哥大学的前辈托马斯（W. I. Thomas）曾说过的那样，一旦人们相信某情形为真，那么后者在其后果中就会变得真实。

虽说克默德（Frank Kermode）在《结尾的意义》（*The Sense of an Ending*）一书中没有说到性别，而列维－斯特劳斯的《野性的思维》亦带有极强的简化，但并不意味着这两本书已完全过时。在人文学和大部分的社会科学当中，我们并不像自然科学家们那样觉得自己离某一真理越来越近，我们也不认为自己拥有的知识一直在较为稳定地进步，从而不断将原有的谬识淘汰出去。（经济学家不在此列，至少在他们自己看来，他们现有的知识已经堪称完美。）

因此，人文社科知识中的危机是根本性的。如果说多到不可思议的书是读不完的，并且我们并非通过积累而是以别的方式在演进，那么我们应当怎么来进行组织，又如何在各知识领域当中有所突破呢？正如上文所说，我们通过两条捷径走过了20世纪——专业化和代际范式。我个人的感觉是学者们终于开始察觉到后一条路是走不通的，代际范式并不是应对过量问题的正当或正确的方法。不过是大家暂时同意将大量材料忽略不看罢了。

无疑，在座诸位一定对这场过量危机之于学术出版的影响更感兴趣。但这里我只能给出一些猜想。

第一个影响似乎已经明了：在过量的学术产品所带来的诸多后果当中，明星制就是其中之一。这就是说，要减少每个人的必读书，办法之一就是承认我们大家都要读某些学术明星的书。我在前面已经提到了在过去15年当中人文社科领域算得上最有影响的专著之一——库恩的《科学革命的结构》。这的确是一本关于科学知识的伟大著作，但麦克·波兰尼的《个人知识》亦不逊色，然而后一本书的援引数不过3000而已，只有库恩的五分之一。但任何一个认真的读者都会告诉你两本书都是上乘之作，而不会说库恩的书更好，更不会说库恩的书比波兰尼的书强五倍。但即便是这样，只有库恩成了明星学者。

很明显，如果学界需要或者已经开始运用明星制来对付过量的学术生产，这势必会影响出版商。实际上，很可能出版商们早在上世纪50年代就相信正是学术明星促使他们推出了采稿编辑。你知道，想打出本垒打就不能忽视一垒。以制药公司为例，它们的底线完全是由主打药品决定的，然而这一点反而使得制药公司在寻找有可能成为主打药的基础研究上越来越加大投资——这好比是出版那些稀奇古怪的专著，也许它们中的一本将来就会勘比《蒙塔尤》《孤独的人群》或是《政治人》。

因此，学界对明星制的采用只会迫使出版商向前看并将眼界放宽。顺便说一句，这一点对期刊也不例外。无论在哪一年的《美国社会学杂志》，当年超过10%的援引所引的都是该杂志历史上最经典的五篇文献，而在这本杂志上发表的文章已经超过7000篇。这几篇文章在发表的当日没人知道它们会成为经典，但我们不可能只发经典文章，这好比掷骰子的次数必须足够多才能有那么几次掷出我们想要的点。

过量危机影响出版的第二个方面涉及出版与其他媒介形式

之间的平衡。在我看来，纯出版的重要性和影响力正在下降，再加上其他更为一般性的文化转向，这些都正在使得许多学者转而奉行某种表演伦理（performance ethic）。这意味着文章或者书被认为是某一观念或某些观念的表演，这些观念，简单说来，就像是作者本人以及，更宽泛地说，他所在的学科或亚学科的人所共享的剧目单（repertoire）。我们越来越不相信观念会像在自然科学里面那样，一旦写出来也就会被固定，我们也越来越不相信一旦有人曾经写出了某个观念，那么这个观念就是不可重复的。特别是如果这观念多少还具有一般性或者抽象性的时候，那么它们就很可能成为那种既熟悉又老套的观念，可以像剧目单那样在新的情景里或是以新的方式重新被表演。

表演的精神暗示着真正的文字演出——演说、讲座或是讨论班——将很可能被视为比最终文字版的出版更重要。我已注意到了有关征兆。比如说，在经济学当中，发表只是一篇文章的生命周期的最后一站，但却是殊无趣味的一站。如果文章还不错，那么本学科的所有人早已在此之前在网上读到过，或是在某个讲座里听过，或很可能在网上参加过关于它的讨论。在我本人为之工作的杂志，我们有时发现某些作者懒得将文章的定稿寄给我们，因为他们真正在乎的只是在履历表加上一条自己的文章已被某杂志接受了。这么一来，出版变成只是成就的符号，而不是真正意义上的沟通。沟通已经融入表演之中了。

第三章 出版与知识的未来

如果上面所说的正在成为现实,那么我们的确到了改朝换代的时候了。只要衡量学术生涯成果的根本标准仍是以同行评议为基础的出版物,那么出版物——如果有必要,还包括那些用于支持出版物的资助——就必须继续存在,不管以什么方式。但如果其他的效绩系统也开始衡量学术成果——比如说某个在线的投票系统——那么期刊的麻烦就不远了,这不是因为没有订户,而是因为没人投稿了。换句话说,现在我们根本不清楚期刊的沟通功能能否独立于期刊具有的衡量成果的功能,当我们的世界里重要观念需要得到普遍支持而最重要的事情成了表演观念的时候,我们就更不清楚了。

无疑,这个论点将我们带回到什么是好知识以及如何判定它是否停滞不前的问题。因此我们又回到了本文的起点:人文社科学界之身陷危机与出版界的现状没什么关系。当务之急是解决内在的危机。我们必须知道我们想要的好的知识是什么,才能去设想这种知识将来需要一种什么样的出版体系。

聚焦于此特定的危机就意味着本文并未涉及其他的危机。作为结尾,我想非常简略地说说可能——准确地说是将要——给知识体系和出版体系都带来危害的其他三种危机。

第一种是文化上的科学热。在美国,大众对科学的尊崇在上世纪50年代达到了前所未有的高度。生物医学的研究经费超过了其他任何研究资金。其直接影响是图书馆用于购置主流人文社科著作的经费被转而用于购买那些很难读懂且贵得吓人的科学类期刊。这就是所谓的期刊危机，它纯属科学危机，将来的解决办法是将用于购买科学类期刊的预算从核心图书馆的预算当中分离出去。但按照现行的思维，这种分家可能会令许多大学在经营图书馆和购买人文社科类著作方面承受更大的经费压力。我个人也认为这一对科学的迷狂还处在上升期，这场危机还将继续。

另一个更加危险的变化在于我们的知识遗产在被资本化之后再转卖给创造知识的人。知识的世界在历史上曾经是共产主义式的。我们各尽所能地贡献，也各取所需，但是其中所藏的本质上是公共物。由于人文学和社会科学的伟大观念都是普遍观念，对它们来说就更是如此。不过知识界正在迅速地提升产权意识。今天还可能只是用在算法和化学方程式上，但将来如果有人能解决如何产生租金的问题，那么产权也能用在对洛克的阐释或者宗教理论上。如果就人们关于房价的预期下注投资的金融工具也算是某种文化最重要的知识成果之一，那么一旦本科生的课本需要有民主理论的内容，毫无疑问，引用这部分理论也得缴费，如果需要将《纯粹理性批判》所含论点图示出来，那就乖乖付上租金，没什么好说的。考虑到美国教育的投资超过一万亿，试图将所有知识转移到以用户付费和租金为基础的努力将会异常不懈。实际上，共产主义和资本主义正是在

第三章 出版与知识的未来

这个地方开仗的。

最后，作为阿贡国家实验室（the Argonne National Laboratory）与芝加哥大学联合组建的计算中心的研究员，我应当提到我们正在迅速地接近知识的自动化。有关学者正在研制算法（algorithms）将成千上万的生物医学和药学文献串起来寻找规律性，目前正在寻找下一步研究的突破口。将这类方法用于人文学和社会科学的日子并不太远了。也许再过30或40年，我们就可以拥有某种能就事论事地写文章的算法。在这些事实面前，我们是该扪心自问到底什么才是只有个体的人才能做出的对知识本身的贡献。真正的挑战乃是对这一问题的回答，从教规之争开始，人性就陷入了精疲力竭的沉睡中，而对这一问题的回答将把人性从沉睡中唤醒。

本文将以一些带有启示录色彩的说法结束。作为一个学者和职业学术界的一员，我对在座各位的贡献深表感谢，正是你们创建和维系了学者与职业学术界赖以生存的卓越的出版体系。正是由于大学出版社的存在，学者们才能不断地将那些不同寻常之事、前人未做之事、无利可图之事作为自己的目标。在我们这些学者所依赖的专门工具中，相当一部分出自大学图书馆。我仍然相信，如果我们能直面即将来临的巨大的不确定性，我们这一共同体所产生的最基本的成果仍将由大学出版社来刊行——不管这个说法意味着什么。谢谢各位。

第四章 正典与简化[*]

我今天想借着这个机会,感谢约翰内斯·安格尔穆勒(Johannes Angermuller)邀请我来演讲。能与大家一起在思想上做出一些新的尝试,是我的荣幸。

这次的演讲是一项更宏大的研究中的一部分,而这项研究是关于知识的未来。在进入正题前,我希望先粗略描述一下这项研究的缘由,然后提出一些我在早年研究中得出的结论,并借此展开我这次演讲要处理的问题——正典与简化。

一、前言

无论是从一开始专注精神病学,还是到后来研究职业如何作为一个生态学整体(ecological ensemble),以职业(profession)作为研究对象是我学术生涯的起点。如许多初次尝试一样,

---

[*] 陈嘉涛译。本文为安德鲁·阿伯特教授 2014 年 4 月 30 日在巴黎社会科学高等学院的研讨会演讲,经作者校订英文稿后授权本书翻译发表。本篇注释均为译者注。

第四章 正典与简化

这些研究都留下了不少未解的难题，有待改正和扩展。当中有些是本体论（ontological）的问题，有些则是一些普遍化（generalization）的问题。对于这两方面的问题我都分别写作了一系列的文章和书籍。

而第三类有待探查的问题不容易被察觉，因为牵涉到知识的本质。这类问题源自不同的环境，有些在纯粹的思维层面，有些则在行政方面。后者尤其迫切，因为我这十年来一直担任大学图书馆委员会和图书馆规划工作组的主席。面对有关图书馆未来发展的众多争论，我不得不一次又一次去寻找理由——在这个问题当中要找的无疑是规范性理由——为什么图书馆研究（library research）是有道理的，为何这类研究具有"科学性"和"累积性"，以及为何这类研究不能去进行自然科学已经实现的自动化。

因此，在这类问题上，我又写了一系列同时具有经验性和规范性的文章。我也向逾百位学生教授如何进行图书馆研究，并且已经写了一本关于图书馆研究的新书，像《发现的方法》（*Methods of Discovery*），当中集中讨论何谓"好知识"以及创造这些知识的最佳方法是什么。

在这漫长的斗争过程中，我渐渐意识到，要证明人文科学中的传统专业知识比维基百科条目优胜，原来是基于一种平凡的探究哲学，宛如简化了启蒙时代中对知识的理想，它包括对于累积的信念，以及对真理的呼应等。社会科学和人文科学当中无疑有着很多后现代主义者和建构论者，他们会时常在理论上否定这些信念。他们在生活实践上深信后现代主义比一切历史更好，而他们自身则比一切前人更接近事物的本质，从而反对那些他们非常鄙视的、留着胡子的维多利亚时代的人和自大的中世纪技术官僚。事实上，在人文学术界，我们中的大部分人都认为好的知识会积累下去。我们或许读过库恩，但是我们暗自相信新的学术范式会更好，而且不管怎样，知识都会积累下去，至少，会持续地进步。

但是很显然，人文科学知识无法累积。正如我在《学科的混沌》(*Chaos of Disciplines*)中说明的，好的观点总会以旧瓶装新酒的形式重新出现。因此，至少在抽象的层面上，大部分社会科学的知识是"再发现"：大家想想那些将某些古老的概念带回视野的文章。就社会学本身，随便搜索一下便能发现，只有很少情况能达到知识累积。有异于自然科学家，我们无法通过这样一种文本来教学——它们的基础原理与简易技术体现着累积的、系统化的以及共识性的技艺。我们所援引的总是那些老一辈的学者，因为最经典的理论研究都在一个世纪前。同时，我们的量化研究却从来不拘泥于前人的作品，甚至将其抛诸脑后。这类研究基本会反对任何超过20年的研究，因为旧研究在现在看来，方法论上带有嫌疑，尽管它们也只是继续用

第四章 正典与简化

新奇的数学进行与昔日同样的辩论。

简言之,我们发现社会学好像同时面向传统和突破,同时面向历久不衰的想法和划时代的技术,不论是如负二项式回归(negative binomial regression)的量化研究或如多点民族志(multi-site ethnography)的质性化研究。社会学既是、又不是累积性的,其他社会科学的分支也无异。

在近期的作品中,我正式着手展开这个题目,即人文科学中的知识可累积和逐渐进步的部分,但其本身整体上并不可累积。我曾提出,这样的知识系统有三个层次,其中一层只是纯粹地堆砌起来——我称之为兰克式事实(Rankean facts)。在这之上则是各个累积性的运动,我命名为"代际范式"(generational paradigms)——例如标签理论、地位成就、种群生态学、新批评理论、酷儿理论等等,这些知识形态显然能累积一段时间,但最终还是逐渐消殒。更上一层就是普遍意念,像是方法论的个人主义、历史唯物主义、实用主义或其他用以推断社会生活的理论框架,它们本身很难有大幅度的改变,或者——先撇除经济学家的幻想——无法绝对地被肯定或否定。在这一理论框架中,知识的累积总是在局部,总是在"代际范式"的部分。尽管这部分的知识对政策制定者提供了或多或少有用的建议,但从来无法为整体理论框架的提升做出贡献,充其量也只是不断重申和重组自己的论证,甚至沦落到顾影自怜的地步。

但是，对知识概念的这样一种勾勒会在一个更大的框架内来认识积累，而这样的努力需要一个概念来表达知识在规范性上的了不起之处。在整体缺乏累积的情况下，我们无法得到一个用以评估知识演化轨迹的轮廓。那就代表了我们的知识只能随处徘徊，不能凝聚起来吗？至少有一个例子可以证明，这种情况就是我们造成的。在近期一篇文章中，我分析了英国2001年的高等教育科研评估（Research Assessment Exercise）关于"何谓好的研究"这个问题的逐字回复，我发现来自各领域的学者都一致认同，优秀的研究只需具备三项绝对的素质：一是不被自身学科以外的标准评估，二是只在内部被认可，三是新颖程度。这几项准则都暗示了一种徘徊不定的知识过程。

诚然，我在近期的其他文章中已经在类似社会学和英语文学这样的领域中提出了取代累积的新标准，因为在这类领域，我们不会真的期待知识在最高层面上可以汇合。

然而，今天我希望聚焦一组独特的知识过程，这必然交织在我们的徘徊之中。尽管这类知识过程一直都十分重要，但在今天却显然产生了新的问题，那就是要面对排山倒海而来的应当知晓的知识（things to know）。在否定过去对知识累积的坚信的同时，我们亦抛弃了能透过现代最新的知识，自动获得已被前人用心过滤后的知识精髓这一使人安心的信仰。这样一来，我们不就要重新认识所有古老的知识？正如没有一个科学家需要了解牛顿、安培或法拉第，这些昔日的巨人只会以名词存在着。反观亚里士多德、伊本·赫勒敦（Ibn Khaldun）和马克思，他们却历久弥新：他们本身就是我们必须认识的东西。

容我在此提出，标题——正典与简化——引出两种为减轻知识过剩而采取的策略，像是知识累积论的目的一样。即便我们否定了知识在演化轨迹中有所累积这一前提，这两个策略仍允许我们遗忘一些可被遗忘的知识。

二、知识过剩的问题

在正式开始分析正典和简化前，我们必然要大致概述针对知识过剩的策略，当中有二。其一，我们能诉诸化约（reductive）的策略。这策略要么把过剩减至可管理的程度，要么直接将过剩的知识否定。其二，我们称作重整式（rescaling）的策略。这一策略改变我们对于过剩的标准，借此把某种过剩的情况重新定义为一种令人愉悦的丰盛感，或一种渴求着能再次达至过剩的匮乏感。我会先简略提及否定的化约策略，接着花大部分的时间在那两个致力将过剩减至可管理程度，更为温和或更为"反应式"（reactive）的策略。

在这里我需要做出几点说明。第一，目前的论述只适用于人文学科和偏人文的社会科学，很可能某种程度上也适用于自然科学。我倾向以自然科学作陪衬,由此发展出我的论述。

第二,我认识到,如果将过剩本身视为问题,我便同时假设了人类认知有极限。大家可以反驳这项假设,但比起这样做,我更愿将其视为一种原始事实。对我来说,这种原始性来自人类渴望新事物的冲动,是一种对新的思想经历的托马斯式(Thomasian)渴望。目前为止,我仍然将其视为一种原始事实。

在接下来的演讲中,我先讨论自然科学中用以处理知识过剩的首要方法——归入法(subsumption)。然后,我将转向人文科学,并首先讨论激进的否定策略,再讨论关于正典和摘要这类较为被动的策略。最后,我会以一段结语总结我的核心理论成果。

A. 归入法与其限制

从最为人熟识,用以处理过剩的知识系统来开始讨论最简单不过,这一知识系统位处启蒙理论和自然科学的核心;这正是归入法的机制。在正式措辞中,归入法代表着将一连串的事实归入在一些包含和暗示着这些事实而更广泛的概念之下。在惠威尔(Whewell)有名的归纳论述中(在卷二"新工具更新"中),这个过程叫作概括(colligation)。惠威尔告诉我们:"在每次归纳推理时,总有一些普遍的概念被推出,这不是来自现象,而是来自我们的思想。"(141)当然,在概括之上能接着

第四章 正典与简化

进行归纳,从而生产出更广泛的概念,正如惠威尔所说:"事实与理论之差从来是相对的……同样的事件或现象被视作事实抑或理论,取决于我们如何将其构想,站在归纳组的一端还是另一端。"结果是一个层级式的归纳表格(hierarchical table of inductions),惠威尔由此用折叠图的方式向我们展示了两个完整的例子,一个是关于天文学的历史,另一个则是光学的历史。

惠威尔是对这种层级式知识概念唯一最明确的诠释者,因此从启蒙时代起,他在科学界的影响举足轻重。又例如达朗贝尔(d'Alembert)针对百科全书的"初步论述",当中讨论了达朗贝尔式的"合理原则"对历史上"未成熟"知识的取代,即从同样的归入法过程中衍生出的普遍法则。

要注意的是,这种层级式手法或多或少地将学科(当然还有它们的子学科)视为理所当然。《百科全书》[1]的卷首充斥着大量性感的半裸女性形象,她们每个都代表着不同知识分支。这些学科为《百科全书》组成了一个知识库,一个被认为很大程度上取决于应当知晓的知识的特定性质的数据库。涂尔干必然会坚持社会学作为一个独特的知识体(body of knowledge),因为它涉及已知的一系列事实,即涂尔干笔下的社会事实

---

[1] 指18世纪由丹尼斯·狄德罗与让·勒朗·达朗贝尔指导出版的第一部法国百科全书。

(social facts)。他肯定会想,柯升(M. Cochin)早应该把一个代表着社会事实(body of social facts)的半裸女子画像加入书中。

在人文学科和大部分社会科学中,现在关于归入法的概念相当荒谬,在学科甚至学术作品之中并没有层级式的关系。那么在这概念之下,不用待曼斯菲尔德·帕克(Mansfield Park)对简·奥斯汀作品的完美诠释面世,世人应该早就能写出奥斯汀的人物传记。更重要的是,正如我在《发现的方法》中所表明的,每一门社会科学学科都可以对另一门学科进行毁灭性的批判,同样也会受到另一学科动摇其根本的批判。当然,人文学科也是如此。在任何一种情况下,都不存在归入法的层级分野,而是相互批评的循环。在人文学科和社会科学中,给定的事实可以做许多不同的事情,因此,在任何特定的事实之上,层级式归纳不只有一个,而有很多。结果是《安娜·卡列宁娜》没有最好的诠释,西斯廷教堂天顶壁画没有完美的分析,勃拉姆斯的《安魂曲》没有一锤定音的陈述,等等。而在社会科学里,则没有绝对正确的普查数据分析,没有完美的经济学模型,没有恒定的法国革命史。

任何艺术作品或社会事实都能用不同而合理的归入法阐释,这一事实意味着人文学科和社会科学无法累积。它们只能在微不足道的意义上累积,产生越来越多的解释、分析、模型和历史。由于这些都不能被置于任何独特的归入法顺序之

第四章 正典与简化

中,整体而言人类科学不能累积。实际上,将某些工件合并至某个较大整体,只会简单地将潜在的新归入法以组合学的方式相乘起来。顺便提一下,这种组合多样性(combinatoric multiplicity)意味着数字人文中社交网络救世主(the social network messiahs)的一个主要项目——他们想象自己能够"把自15世纪以来的整个学习世界投射出来"——早已注定失败。他们可以投射单词的历史,但不能投射其含义。

还要注意,这些事实意味着我们必须区分到目前为止我已经混淆的两件事:合并(colligation)和归入(subsumption)。合并只是纯粹将既定事实组合成更大的事实或整体。相比之下,归入则坚信无论如何只可以用一种正当的方式完成合并。也就是说,归入可以定义为合并加上层次结构的假设。

总而言之,人类科学之内的合并本身构成了一种杂乱无章,一种过剩。处理这种过剩的基本的科学策略——归入——是不可能的。那么人类科学中,处理过剩的策略又是什么?

在本文中,我将论证两个主要策略:正典和文摘。在正典这一策略下,我们选择有限的知识,却对它们了如指掌。在文摘这一策略中,我们保留更多应当知晓的知识,但对每一个则知之甚少。正典和文摘的出现都是反应式的策略:它们通过严格的限制来处理应当知晓的知识的过剩问题,但是同时尽可能地保留多余材料。然而,在我讨论正典和文摘之前,提及更激进的化约策略中——否定——的一些例子对我们的理解会有所帮助。

B. 否定

顾名思义,否定这一策略的形式是任意忽略一些大量潜在的应当知晓的知识。任何经历过近40年来美国学术界发展的人,对于否定的必要性了然于胸。70年代后,学术研究人口指数的增长,加上要求学术水平猛进的骤然失利,反过来增加了对学术出版的需求。50年代期间,一般博士能在学术生涯中发表一篇文章。到2000年前后,这个数字可能是超过五篇文章,学科中的学者数量大约是50年代的5倍。毫无疑问,否定便成为面对如雨后春笋般的研究的主要策略。

否定有三种明显的形式。首先是忘记过去,并通常以知识累积的名义来进行。相信没有必要过多说明这一点。塔尔科特·帕森斯便是通过将赫伯特·斯宾塞的思想抛诸脑后,才开展其《社会行动的结构》(*The Structure of Social Action*)的写作计划,而帕森斯本人,以及埃弗雷特·休斯,甚至罗伯特·金·莫顿,现在却成为了斯宾塞团体的一份子。战后伟大的社会学家——科尔曼、布劳和里斯,本迪克斯、莱维和杜明,弗里德森、贝克尔和科泽——这些名字对我现在的研究生来说几乎没有任何意义。在数量方面,更替率更快。《美国社会学期刊》的评论者已经对 NLSY-79（National Longitudinal Survey of Youth-1979）[2]持怀疑态度，因为他们说："决定结果的潜在力量已经改变了。"或者我们可能会问，今天哪里才有70年代那伟大的成就——对数线性分析（log-linear analysis）？答案是，它是一个贫乏的旧时代在泊松分布（Poisson Regression）[3]名义下的苦苦支撑，就像其他许多统计学的研究路子一样，计量经济学是推手，但它能施展身手的规模其实是此前一般化的线性模型所奠定的。

忘记过去是我们的第一个否定策略。第二个必然是强调专业性。通过找到自己学科的定位，我们可以节省大量的工作。当然，正如我们知道的，这是一个旧策略，因为只要有专业的存在，人们就一直在致力去跨专业。然而，专业性最终不会有出路，因为正如我在《学科的混沌》中所展示的，学科倾向在一个包含了林林总总各种学科的社会科学整体中复制自己。因此，社会学家能选择文化、组织及策略社会学和理性选择社会

---

[2] 1979年美国全国青年纵贯调查，是以1957年至1964年间出生的美国青年为样本进行的追踪调查。该队列最初包括12686名14—22岁的受访者，于1979年首次接受采访；在放弃两个子样本后，合格样本中仍有9964名受访者。第一轮（1979调查年）至第28轮（2018调查年）的数据现可用。
[3] 泊松回归假设反应变量Y是泊松分布，并假设它期望值的对数可被未知参数的线性组合建模。泊松回归模型有时（特别是当用作列联表模型时）又被称作对数-线性模型。

学（即人类学、社会学和经济学），而政治学家则能选择政治理论、比较政治和定量的美国政治（即哲学、历史和计量经济学）。经济学现在也内部复制了行为心理学，虽然他们还没有指涉文化方面，但我确信这种经济式的人类学的出现不远矣。

第三种否定之前曾被谴责成"对人不对事"，但在过去的四十年里却重新被散布开去。这是通过拒绝阅读某些作者所写的任何东西来达至否定的目的，如白人、男人、殖民国家公民、异性恋者等等。通过这种方式，女权主义赋予了自己重塑整个社会学理论的特权。正如已故的彼得·诺维克所表明的，非洲裔美国学者允许自己将白人排除在种族研究之外。后殖民主义者将整个人类学传统视为对帝国主义的俯首称臣。虽然这些显然是出于政治动机，但它们都是戏剧性的否定，而且老实说都带有勃勃野心。奈何他们确实具有为整整一代新学者提供广泛的知识空间的重要品质。

至为重要的是，这三种否定都允许重新累积起来的世代学术范式，假装首度发现一些事实上古老、为人熟悉且早已一直有所争议的概念——民主、正义、真理、社交性、意识等等。因此，在知识系统中间层次的无穷无尽的积累与知识在范畴层面的相对稳定之间，否定（denial）构成了一个有用的抓手。否定不只允许我们在学术圈中分一杯羹，更允许我们品尝这杯羹。

第四章　正典与简化

所有这些否定策略都是显而易见的,我们对它们的后果和它们对学术的影响也同样足够熟悉。但它们并不像理论上那样有趣,因为以反应式策略来试图处理知识过剩并不是纯粹忽视它,而是试图在保留其丰富性的同时,驯服其过剩的部分。这样的策略避免了知识过剩导致的瘫痪,但同时又没有失去多样性和并置对照带来的生产力。这就是正典和文摘策略针对的目标。

C. 正典

正典本身是缓解知识过剩的一个回应式策略。经典化涉及层级结构的创建,而当中只有前几个项目最为必要。层级结构的创建当然是一种远远超出知识体系的策略,最近风靡的一些无意义排名使这一点变得明显。但在知识的领域中,正典是一种古老的策略。我们目前的正典大多可以追溯到20世纪之初,举一个明显的例子,当时美国的英语教授为了反抗德国语言学家的科学主义,创造了一个文学欣赏学科,并在课程中加入一些他们认为任何有文化的人都需要阅读的经典作品,像是乔叟、莎士比亚、弥尔顿、蒲柏等人的作品。有趣的是,这些作家的声誉都曾经在过去的几个世纪中大幅波动过。18世纪的人遗忘了莎士比亚,19世纪的人则不接受蒲柏。但是,推崇正典的教授创建了一份清单,并在80年代关于正典的战争之前,遵循此清单积极进行教学。

正典作者的列表不能太长，这非常重要。因此，随着第二次世界大战后形而上学诗人变得更加流行，18世纪的奥古斯都诗人则出现得越来越少。当T. S.艾略特成为经典的哲学诗人时，他的前任——罗伯特·勃朗宁——被降级为一个只会写生活琐碎和小人物的诗人。因此，通过限制正典的规模，专家们可以保证读者能详细了解其内容。这样一来，人们只会了解某些很少的东西，但了解得很深刻。因此，正典具有将一个学科或小组编织在一起，并能将其与他者区分开来的功能。社会学家是读马克思、韦伯和涂尔干的人，而人类学家则读涂尔干、格尔茨和索绪尔。

也许更重要的是，正典还提供了一个通用的语料库，使一个学科能以统一的词汇——典故和参考来写作，并能以快速且简便的形式传达多至百个的微妙意念。早在那生硬的帮助研究员引导到其他相关文本的蓝字超链接出现之前，专家在阅读正典时，也是在阅读一个被编上百种颜色的文本：通过简单的引用（如"霍布斯世界"或"约翰逊的怀疑主义"）、著名的短语（如"适度的提案""普遍承认"或"通过所有理解"）和以荷马式比喻引申出的熟悉场景，如弥尔顿笔下撒旦落入地狱，或熟悉的画作，如莫奈的睡莲。所有这些并不仅仅是为了将局外人拒诸门外，作为秘籍来使用。事实上，它恰好有着与当今短

第四章 正典与简化

信的简化拼写完全相同的逻辑。它是一种有效用地传达复杂意义的手段，只是它比短信里的短语和暗语更强大、更微妙。

然而，20世纪的正典很可能是由教学需求来驱动。我们不能指望20世纪早期大学的本科学生群体不断吸收条顿时期的细节，而事实上新的英语教授亦认为没有必要这样做。他们想要的是一些能被仔细雕琢的示范作品，教授仔细阅读和分析的技巧，以及那些首次将这个文学世界捆绑在一起的典故和参考。若学生配备这些条件，就能成为有文化的读者和公民。正典为此目的而服务，因为它限制学生的注意力，并允许他们更快地阐述主题，更深刻地发展技能。

在理论学科中，正典允许对空间进行一种尽可能的维度填充。因此，在社会理论中，没有任何理由说马克思、韦伯和涂尔干就是19世纪末和20世纪初社会理论的总和。人们只要提到索绪尔和柏格森，狄尔泰和西梅尔，斯宾塞和韦伯，就会发现这样的陈述是多么的愚蠢。但是，有人可以说，几乎任何可以想象到的社会理论都只是在马克思、韦伯和涂尔干的阴影下随意凑合凑合而成。也就是说，正如数学家所说，人们可以争辩说正典"跨越了社会理论的空间"。这也是一种效率。

正典的另一个效用有点奇特，就是进行自我教学。在有正典支撑的学术领域中进行写作，作者能示意对正典的参考，而不再需要依赖蓝字链接。因此，如果一个名字作为一个未被收录的形容词出现——奥斯丁式、蒲赛式、达尔文式、托尔斯泰式——警觉的读者便会明白，他应该知道这些人是谁，并赶紧把他们找出来。还有许多其他这样的信号，例如仅用姓氏来指某人，把"伟大"或类似的形容词置于人名之前，为短语加上引号，还有很多其他的东西。当然，新手并不能注意到许多暗含的引用，而实际上许多人文科学中的评论都是为了争论某些隐晦的引用是不是真实存在。例如说，"完美自由"这个说法是否永远暗指公祷书（Book of Common Prayer），或者，在更深的渊源当中，是不是暗指谚语"侍奉即是统治"（cui servire, est regnare）第一次被说出的时候，那个祷告恰巧译进公祷书的拉丁祷告者？

请注意，这些对正典的参考也出现在科学中，但通常只有一种可能的定义。"Mantissa"是一个非常模糊的词，但对数中的"mantissa"却只会指向一样东西。还要注意，在人文科学中，正典之所以能允许学者们快速交流，在于大家都已经把正典倒背如流。网页上出现的蓝色链接不代表读者识别和了解到这是一个文本引用。如果你知道该引用的出处和原文，则可以随文本一起流动。蓝色链接固然能引导你向着终点慢慢前行，但通常只会将你带到使你分心的岔路上。

另外要注意，尝试瓦解正典或过快改变它，会破坏其本身的优势。在这种情况下，作品只有那些与作者或某一小众有

第四章 正典与简化

着共同研究兴趣的人才能"阅读"。奇怪的是,废除传统正典,本质上是对人文学科中主导的意义建构技术的一种拒绝,这种技术在成功创造并确立另一种正典之前是无法重获的。因此,正典间的战争比字面看起来更具破坏性,因为在这之下,制作出高密度的人文文本几乎不可能。

也许关于正典最简单的例子是来自那些收录了不同"正典"的伟大书籍系列:格兰特·理查德的世界正典系列,始于1901年,并在1906年由牛津收购了,直至今天继续以牛津世界正典的名义出版了约700种书籍;J. M. 登特的人人文库系列,始于1906年,到1910年达到500本的出版量,到70年代达到1000本(目前由兰登书屋出版);博奈与利弗赖特的现代图书馆,始于1917年,1925年由塞尔夫和其他人购入,到60年代所出版的书目逾900种。甚至还有特定的正典名单——哥伦比亚大学教师于1927年发布了一份名为"西方世界正典"的名单,从《沃尔松格萨迦》(Volsunga Saga)到弗洛伊德,一共包括76位作者和匿名的作品。有趣的是,这是由美国图书馆协会出版的一本书,旨在辅助图书管理员"帮助读者找到开启自己知识遗产的钥匙"(Brebner et al 1927: 5)。

在这一切背后,最值得注意的反而是登特的人人文库系列,这一系列在1926年(ODNB 15:849)创始人去世之前,达到了两千万册的销售额。人人文库系列推动并为新兴的文化资产阶级大规模提供低廉（一卷只要一先令）但正统的西方知识和文学正典。兰登书屋出版的正典像任何关于经典的清单上面所列的一样，十分有限，而每个这样的列表——当然包括我们自己的——都体现了该时代的观点。

但是，不论登特还是其前任格兰特·理查德，都绝不是出版经典的第一人。实际上，他们只是正典列表中的冰山一角。登特和理查德基本上重现了19世纪早期的大型重版系列（Feather 142）。但是在这个过程中，他们也在筛选经典——查理·威廷汉1822年的英国诗人系列曾经多达100册，人人文库同类的系列中只有30多位诗人。另一方面，选集比经典集做出了更为激烈的取舍，但正如我们将要讨论的部分，选集遵循的是文摘策略的方向——更多的诗人，但每个诗人选取的诗作更少。

D. 文摘

现在让我们转向对文摘的讨论。从上述讨论中我们看到，正典是一种收窄了解对象的策略，以便更好地了解这些对象。但这实际上是19世纪晚期德国语文学家所用的策略，致力正典的美国教授已经研究过它们。对于要在德国花上整整一个学期来详细研究乔叟六十行的语法，美国学者实在吓坏了。他们想要了解更多文本，但对每个文本的了解更少。事实上，这就

第四章　正典与简化

是文摘的策略。奇怪的是，上世纪80年代激进的年轻人眼中属于作古的白人男性和少部分女作家的创造和正典化，其实是一种大大拓宽阅读广度，但对所读的东西了解得更少的策略。在20世纪后期的美国学术界，被废除的正典就以文摘的形式存在着，就像登特的人人文库也没有包含威廷汉早期的英国诗人一样。

20世纪初的新文学正典意味着消化——简化——正典作品中大量且详细的事实，然后将一部分拨到注释和附录的名义之下。正典假设读者对一个作品有一定程度直接而独特于个人的熟悉感，这对达到真正的知识来说是必要的，并且肯定比纯粹阅读文摘更可取。（新批评因此显然是一种正典策略。）相比之下，文摘追求广度的优势，并确信从作品间的多重联系和对比得到的，能弥补摘要将注意力放到更多作品而损失了的知识深度。这一方式还相信可以避免正典作品不能与时俱进的老毛病。

可以肯定的是，文摘与正典一样诉诸层次化。但是通过降低与任何一个文献的接触强度，文摘能够帮助我们认识更大的材料库。这无可避免地为知识社区提供了更广泛的基础，并允许出现更多不同的子群体。在社会层面，它减少了文本中可能存在的典故的细节，但促使这些典故在更广泛的材料之间交流。因此，学术界可以保持弱化了但更广泛的互联互通。

如同正典，文摘也具有达至全面性的方法。正如我指出的，在正典中，人们通过选择自己推崇的一些经典作家，并将其适量地组合，由此产生合理的理论主张或诠释对比，以达至全面性的目的。因此我的评论是，任何社会理论某种程度上都可以用马克思、涂尔干和韦伯三人的组合建构出来；正典作品构成了一个跨越众多可能性空间的维度系统。在文摘中，达至全面性的方法与正典不同。人们选择一些作品来消化，由此"掩盖"各种可能性，而不是将正典作品结合起来。经消化后的作品构成了一个思想网格，使得即使被忽略（即没有被消化）掉的作品也不会在网格中与其他作品分开得太远。文摘旨在把已知事物的空间填补，正如文摘就是从特定的作品中选择特定一部分试图代表该作品的整体一样。文摘在每个层次都有所取舍，取的是广度，舍的是深度。

像正典一样，文摘也是由教学需求驱动的，20世纪出现的几十个文摘系列已经将这一现象展现无遗。因此，在社会学中，我们当然都很熟悉 SAGE 出版社的绿书，把各类型的统计数据装罐，给不想了解细节的初学者看。30年代起，数学方面有绍姆（Schaum）的概述系列；1949年起，文学方面有主线图（Masterplots）的参考书，当然还有可以追溯到1958年的著名的克利夫笔记（Cliffs Notes）。是的，历史上的确有一个叫克利夫的人——来自内布拉斯加州瑞星市的克利夫顿·K. 希勒加斯——他坚信他的笔记只是作为一种辅助手段，可以帮助学生更深入掌握他们阅读的内容，而不是一种快捷方式让他们完全避免阅读。

学习指南行业出现了许多文摘的变体，有概略式的如主线图，有简化式的如 SAGE 出版社统计书。某些国家的考试制度对学生来说是一试定生死，因此学生之间面临着激烈的竞争，例如法国。半个多世纪以来，这些国家基于考试的学习手册都十分详尽。因此，《卡斯特斯和苏尔》（*Castex et Surer*）这本来自 40 年代的著名法国文学研究手册，就已经包含了历史文摘、传记的文摘和图表、图片、情节文摘以及评论文本。在美国，早自 1910 年以来就有关于莎士比亚的学习指南。

但学生并不是文摘的唯一客户群。就像社会大众有着针对自己的正典列表一样，他们也有针对自己的文摘。因此，虽然"普通智力读者"（Columbialist：5）可以购买和阅读人人文库的经典或哥伦比亚大学名著课程的经典列表中的项目，那些想走快捷之径的人也可以阅读由约翰·哈默顿爵士编辑的"名著提纲"（Hammerton，1936）。这本书的作者用自己的语言概述了 250 部作品，将这些本身就排印得密密麻麻的名著浓缩为 1282 页的散文。在作者自己的介绍中，哈默顿很好地说明了他采取这种文摘的策略。他说，他的书解决了三个需求：

> 年轻的文学专业学生会发现,这本介绍了大量名著的书令人愉悦且获益良多……对于缺乏书本知识的大忙人而言,大纲提供了一个可行的"快捷方式",让他们粗略地认识不少书,否则这些书的存在对他们来说都毫无意义……[而且]对于那些可能已经读过这250本书中大部分原文的文人和学者来说,大纲对帮助记忆仍然是非常有用的。(Hammerton 1936: vii)

我必须承认自己已经到了痴狂的地步,把哈默顿的名单都检查过一遍,而且遗憾地发现自己并不具备作为文人和学者的资格,因为即使以一个松散的标准来计算,在我的生活中,我在任何时候阅读过并已经完成了显著篇幅写作的书籍,也只占这250本作品中的84本。因此,在哈默顿看来,你眼前的这个演讲者只是一个缺乏书本知识的庸碌之人。

当然,这些例子暗示了文摘是把书本普及给大众的核心,而且我并不是没有意识到我把"文摘"作为一个理论词来使用,无可避免地会引起贬义的联想,因为为人熟识的《读者文摘》(Reader's Digest)就是20世纪伟大但同时肤浅的普及项目之一。然而,透过"文摘"这个词,我想强调的是,《读者文摘》所显示的那种简化在我今天探讨的主题对象——专家知识群体——中非常普遍。

第四章 正典与简化

对于学者来说,以文摘形式存在最长久的就是学术文章的摘要或文摘式的期刊,而这些期刊早在17世纪90年代就出现在《化学年鉴》(Chemische Annalen,Manzer 1977:145)中。美国的《化学文摘》从1907年开始以其现在的形式出现。文摘在19世纪晚期的科学和医学中变得相当普遍,尽管早期的"文摘"实际上只不过是附加在参考书目上的简短注释。虽然图书馆员一直鼓励游说学者们采用文摘,但只有在第二次世界大战之后,真正意义上的文摘才传播到社会科学中,在人文学科中仍然不甚普及。在科学和社会科学之间出现了心理学,这一学科最初被认为是一门自然科学,因此它走的是科学的学科模式;心理学现今沿用的文摘形式虽说来自1927年,但实际上最初起源于1894年。另一类典型的文摘形式则是评论文章,此种形式同样在科学中广为流传,亦同样再次通过心理学这一中介进入社会科学。甚至还有定量式的评论文章,例如自本世纪80年代以来所谓的荟萃分析(metaanlysis)。

然而,比文摘更重要的是那些归于手册和参考书这类标题之下的东西——学术上等同于哈默顿的"名著提纲"。例如,我们很容易就能找到世界历史中所有重要日期的完整列表(威廉·兰格的《世界历史百科全书》),同样很容易找到一个在能充分阅读世界文学之前,所有我们需要知道的典故和次要事实列表[威廉·罗斯·贝内特(William Rose Benet)的《读者百科全书》]。事实上，我没有必要亦没有能力列出这类今时今日出版商仍不断出版的数十本手册：我的图书馆里有737项题目当中包括"手册"一词的牛津大学出版社出版物。

所有这些文摘的实行都来自简化、抽象化和提炼。大多数情况下，它们会对文摘的对象标准化，使其符合各种普洛克路斯忒斯式（Procrustean）概念，抚平粗糙边缘，赋予它们一致的形状。因此，文摘策略自然对可被归入的事实带有偏见，而且有着在探究领域上施加可被归入的结构这一倾向。它还存在这样的问题：内容最小化（minimization of content）在效果上倾向于将文摘对象转化为一种助记术而已。正如约翰·杜威多年前发现的："没有想法、意念能从一个人传达另一个人而不改其本貌；当这想法、意念被告知时，对于被告知的人，这是另一个既定事实，而不是一个想法。"（1966：159）

也就是说，文摘的使用者实际上并不知道这被摘要化了的文本所说的内容，而是倾向于通过将文摘中的稀疏信息与他们自己更广泛的固有想法和偏见相结合，并在他们自己的头脑中重建它。因此，文摘倾向于进一步规范化，同时为了能让读者发掘知识，而要把为了总结而敞开了的内容重新密封好。在这种限制下，文摘创造了一种"知识"形式，而当中作者的名称实际上只是一种象征，粗暴地将原著大部分的细节和想法转化为知者的普遍观感，而不是在文摘中阅读到文本或研究。举例，

第四章 正典与简化

霍布斯成为了"污秽、野蛮和短视"的人,等等。这很快就会导致一些严重的错误,例如历史上的个别作者成为作品,作品反过来成为一些历史时刻的助记符,突然间我们有学生认为物种演变是偶然起源于在 1859 年之前或之后都不存在的一个叫查尔斯·达尔文的人的思想中。历史变成了一连串的点,而不是互相重叠的生活层次。

如正典一样,文摘是一种非常古老的策略。事实上,许多现代文摘被证明起源于 19 世纪某些痴狂的常见作品。《读者百科全书》目前正在发行的是第五版(2008),该版本已着实被全球化和多元化了。但是我还记得,我的父母大胆地用 1965 年的第二版取代了 1948 年的第一版。这一版本陪伴了我的大学生涯,尽管我一直抱怨,最终还是用 1987 年的第三版取代了它。但当我们仔细阅读第一版的序言后会发现,《读者百科全书》本身就是对克劳尔《读者与作家手册》的一种改造,该手册出现于 1925 年,由名为亨丽埃塔·格尔威格的人编辑,而事实上这人还为著名的画家制作了类似的参考书。但是格尔威格的书本身就是以一本名为《读者手册》的作品为雏形,该作品则由牧师 E. 科巴姆·布鲁尔于 1880 年间创作,在这之前,他已经创作了一部短语和寓言的词典(1870),并很快在 1890 年出版了一本历史笔记(所有日期均来自 ODNB 7: 514)。

作为一个校长和牧师,布鲁尔遵循了一个简单的计划[historic notebook 1899 (us ed): Ⅷ]:

> 我已经当了六十年作家,并且写过很多书,当然也是一个口味杂陈的读者……我在阅读的时候,总是带着一张纸和一支铅笔,记下我认为可能对我有用的东西,而这些笔记被分别收藏在不同的储物柜里。这成为了我终生的习惯。将它们编成属于自己的作品主要包括几个步骤,分别是筛选、整理、解释、改正,最后把作品完成。我一直认为,那些我曾渴望知道的东西,比我更年轻的人也可能想知道;而其他人觉得很难发掘到的知识,那些阅读量更少的人也可能同样觉得很困难。

对于维基百科和文摘,我相信很难找到比布鲁尔更乐观的态度和陈述。事实上,布鲁尔的《读者手册》包含了一个按照今天的标准真正非凡的细节:简短的情节概略,字符条目,特殊措辞和生词,以及背景条目。他的《短语和寓言词典》甚至包含了更多的单字、上千个典故、词源讨论,等等。你想知道在《疯狂奥兰多》中罗兰之剑的名字吗? 那就是福斯贝塔。你想知道所有能被称为"圣岛"的地方吗?它们就在林德斯法恩、爱尔兰、根西岛和鲁根。这一切都因一位来自19世纪的

第四章 正典与简化

牧师而可能。

我举这些例子是为了强调,文摘是一种古老的策略,而且文献之间缺少超链接——或者曾经被称为错过了的典故——也是一个古老的问题。即使在20世纪之前,印刷界总有方法把这些东西隐藏起来。更不要说日期字典,据我所知,它始于1841年海顿的《日期字典》(一个按字母顺序排列的庞大事件列表),这字典在1906年印行到第24版。在19世纪,日期字典和比较编年表已经比比皆是。1863年的乔治·普特南(George Putnam)尽职尽责地记录了"从盘古初开到林肯就职典礼间,社会变迁中的所有重要事实"。这些书严谨的程度远远超出互联网上的数据,除非这些书籍本身已经数码化了。部分原因是因为比较编年表能够把各地同时发生的事件一次呈现出来。不可避免的是,出现了文摘的摘要——人人文库在1911年推出了足足300页的《日期词典》,而海顿在1906年的版本则是一本超过1584页、双栏印刷的精美出版物。

由于时间不够,恕我不能再花篇幅讨论那些名为百科全书的大文摘,这些文摘有着悠久的历史,在西方可追溯至13世纪,而在中国则可追溯至6世纪。我希望这次演讲能为你带来一些感觉,以理解处理知识过剩的两种策略——少而精如正典,浅而广如文摘。很明显,这两种策略经常结合起来,例如体现在自第一次世界大战以来,主导美国大学主修和学分分配要求的课程之中。这两种策略同时在研究生阶段结合在一起，从而要求学生完成专业考试之余，也保留了真正针对整体知识的考试。而且我认为对于任何计划持续发展的学科，正典和文摘有必要有效地结合起来。最重要的是，正典和文摘明显有着悠久的历史，而每一个时代的学者都利用两者间的平衡来处理知识过剩的情况，因为15世纪知识过剩的问题也不见得比现在轻松很多。

E. 结语

在结束之前，我希望简短地提及一些仍需进一步考虑的重要话题。

第一是正典和文摘的动态结构。在底层推动此两种策略的关键力量是适应。在正典中，对特定作品的严格检查为读者带来了熟悉感、习惯和随之而来永无止境的挖掘，并借此获得全新且详细的意义深度。无疑，专家们越来越深入地研究这些作品，因为授课使他们迅速适应，使得这些作品成为正典的一种表层的优越性。这可以称为一种对接的过程。在文摘中，习惯往往发生在阅读过程中，因为正如我指出的那样，文摘带来的趋势是为了死板的信息交换取代质疑、迷思、互动的阅读模式。正如那些知道亚里士多德说过"人类本质上是一种政治动物"（Pol I：2，1253：2）的人，远远多于那些知道亚里士多德的

第四章 正典与简化

这句话其实意味着,人类天生倾向于社会聚集,并因此最终成为公民和城邦的一员,而不是在本质上对党派活动感兴趣的人。简而言之,适应不可避免地引起了正典及其文摘内部的稳定运动,它同时也构成了由出版潮及其他此类外部现象所导致的动态结构的补充。

亚里士多德的例子引申出另一个问题,即翻译与正典和文摘的关系。在亚里士多德的例子中,真正的问题是我们现代人对希腊词根 *polis* 所附加的党派关系这一新含义,同时我们却决定使用拉丁语的 *soci* 作为社会生活的通用词根。真正的问题涉及翻译。一方面,翻译大大增加了要知道的事物的数量,例如其他文化的艺术、哲学和科学。另一方面,翻译也可以把我们不熟识的东西以一种熟识的手法呈现出来,从而减少知识过剩的问题,例如《神学大全》有一个版本不仅翻译了拉丁文,而且将整个论证从其原始的"是与非"的格式删减为简单的陈述性散文。这样的转化显然减少了复杂性和过剩问题。因此,翻译可以扩展正典覆盖的范围,但同时可以作为一种文摘的形式。

剩下的第三个问题将我们带回我最初关于知识制度化的文章。知识制度化换句话说就是商品化。网络中的蓝色超链接正是商品化的体现——因商品化人们才能得知很多典故。计算尺是对数表的商品化,而这些表本身亦是微积分问题的商品化。固定统计程序则是高度复杂的概率推理的商品化。

商品化显然是遏制知识过剩的方法之一。在某种程度上，商品化只是一种极端的文摘形式，即有意识地将专业知识固定在设备和程序中。固定统计数据就是一个很好的例子，因为你不需要太了解逻辑回归。你不必知道计算机如何倒置矩阵，基础估计程序对你所用的特定数据矩阵是否稳定，数据是否满足你选择的统计模型假设，该模型实际上是否合适，比值比和概率之间的关系是什么，等等。你只需要不假思索地把相关的东西代入即可。这种商品化对社会科学的影响是无法估量的。它产生了一世代的作品，而我们很难在其中区分由细心的专家提供的高质量论文和新手马虎且平庸的资料搜集。另一个例子是谢泼德法律引文系统，它出现于19世纪末期，许多法学家认为这为严肃的法律研究宣判了死亡，由此产生了现代法律的评论文章，其中包含数百个脚注，数以千计的参考资料，以及学术界自我模仿的整体氛围。这些文章中引用的材料通常多于其作者一生中可以阅读的数量。

我开始时曾承诺，我会将整个庞大而累赘的论点过渡至某种合理的结论。但仅仅将正典和文摘概念化，已经占用了我所有时间。我的结论就是以下几点。首先，我们总是有太多要知道的东西。文摘和百科全书历久常新已经把这一点说明得非常清楚。其次，正典策略似乎是学科的核心。事实上，学科的出

第四章 正典与简化

现显然是回应知识过剩的一种方法,而不是作为一种防卫和保护。防卫和保护源于对受众和资金的竞争,而不是对观念本身。第三,文摘的历史悠久,可能比学术界里的正典有着更古老的过去。正典为子群提供内部结构的同时,文摘则维持它们之间的连接,并保证了一定程度的通用语言,使学科和子学科保持松散的联系。

最后,我们面临的主要问题是重新思考互联网时代的两个概念,一是排山倒海而来的虚假信息,二是这些信息对孕育了20世纪伟大学术的基础设施产生了破坏:严谨的图书馆学,权威且高质量的学科参考工具,仔细的同侪评审,以及强调掌握正典、从文摘得到显注广泛的知识和从直接学徒制获得技能的研究生教育,无论是在图书馆还是在计算机房。如果我们能够在未来找到正典和文摘之间适当的平衡,我们就可以创造一个新的学习世界。

第五章　学术作为理念与学术作为日常工作 *

今天我们聚集在这里庆祝北京大学人文社会科学研究院（下文简称"文研院"）的成立，请允许我首先对奠基和发展文研院做出杰出贡献的各位同行表达最美好的祝愿。我的母校芝加哥大学的校训是"让知识增长，生命因此而繁衍"（crescat scientia, vita excolatur），这是我所认同的研究院精神。我相信文研院也会秉持这个精神繁荣兴盛。

我们在世界各地的大学建立类似文研院的机构，很可能是因为学者们担心，如果只和自己学科中的同道打交道，思想会慢慢变得狭窄。这个担心或多或少体现了我们对学术工作的两种认识，从时间的角度看，两种认识一长一短。学术工作会有深远的影响和成就，最"长期"的影响莫过于它拥有一种深入学者心中的观念的力量。与此同时，学术工作也是一个很"短期"的工作，最短的工作，莫过于它在学者手中每日每时的劳

---

* 原载《北大教育评论》，2017 年第 1 期，王利平译。本文为安德鲁·阿伯特教授 2016 年 9 月 20 日在北京大学人文社会科学研究院揭牌仪式后的主题演讲，经作者校订英文稿后授权翻译发表。

第五章 学术作为理念与学术作为日常工作

作形态,也就是学术工作的日常形态。

新的学术机构的建立,正如学派的诞生一样,实则和学术的长短两方面都息息相关——在学人日复一日的坚持中所体现的学术工作以及在观念中呈现的学术工作。对后者,我们有很多对学术群体和学术组织的制度分析与历史叙述,但对前者,我们着墨不多。但也许恰恰是学者的日常状态更为重要,那些琐碎的日常经验对于形塑学术至关重要。我们每天看见的人、共进午餐的人以及在图书馆遇见的人,或许都很重要。我们在哪里教书,在哪里做研究,在哪里反思和写作,或许都很重要。这就是研究院、学术中心以及长期的学人项目存在的意义,因为我们在日常生活中的所思所想正是学者得以成功的关键所在。

然而,我们总是觉得日常的安排和长远的成功之间相距甚远。所谓安排,就是日常的,而所谓成功,则系于将来。但这显然是错误的。是的,我们的成功显而易见是长远的任务。一个伟大的学术生涯仍然包括那些看起来碌碌无为的日子,甚至年月。但是"日常安排"也是长期的任务,它是持久的,甚至看起来微不足道的那些事。这些事持续地对我们产生细微的影响,在经年累月中沉淀积累。这就是为什么我们需要研究院这样的机构,因为我们担心学者在经年累月的专业训练中变得狭隘平庸。我想再次强调,日常互动对我们思维惯习的影响远远大过我们对此的理论思考。

从日常到长远的时间维度也适用于我们对学术生涯成果的考量。一次讲座的成功或失败无关紧要，一门课的成功或失败也不足道。一篇文章可以在一两年内被频繁引用而最终湮没不可闻，同样一篇无人知晓的文章也可以被再度发现并被赞叹。一个前景被无限看好的年轻学者最后可能失去动力，而一个看起来毫无生气的学者有可能突然焕发灵感而创作出经典的作品。

所以，我们需要在不同的时间维度下反思我们的学术体验，想象我们的学术成果。当我们建立起研究院这样的机构时，我们必然要有不同时间维度的眼光，问问自己在我们的日常和学术成就之间存在着怎样的关系。

对我来说，探索这一问题最好的例子就是芝加哥大学的社会科学学科，因为我对它最熟悉。从1892年建校以来，芝加哥大学的社会科学就享有持久的声誉。这是为什么？美国还有很多杰出的大学，但是就社会科学而言，芝加哥大学的位置不可替代——比如说哈佛学派从来没有出现过。芝加哥大学曾经也一度在其他领域——如英国文学和音乐研究方面——有过辉煌，但是只有它的社会科学经久不衰。我们不由会去想，是否芝加哥大学学者的日常状态至关重要——比如说我们有较小的校园，我们本科生的核心课程需要跨学科的亲密合作，总有无比忠诚于芝加哥大学的学者源源不断涌现，等等。

第五章 学术作为理念与学术作为日常工作

在这样一个简短的报告中,我无法具体而周到地详述芝加哥大学为什么取得这样的成就。我只能列举一些例子,希望对各位有启发。

一、我的解释对象

让我先从解释对象说起。芝加哥学派的长久声誉尤其来自它的社会学和经济学,在政治学(尤其是20世纪初期和中期的定量转向)和人类学(尤其是上世纪60年代从社会结构向文化人类学的转向)也有显著贡献。[1]这四支芝加哥学派在各

---

[1] 对芝加哥的经济学派和社会学派的研究不可谓不多,但因为经济学本身是一门关注当下的学问(presentism),鲜有严肃探究芝加哥经济学派之历史的著作。在这方面,范·霍恩(R. Van Horn)等编写的著作(*Building Chicago Economics*,2013)算得上现有的最佳著作。对芝加哥社会学派的历史,拙著《系与科》(*Department and Discipline*,1999;中译本即将面世)对1998年之前的相关研究有非常详尽的综述。1998年至今还有大量的相关研究出版,不过稍早的文献已可将读者带入这个领域了。关于芝加哥政治学派的历史,请参阅 Heaney & Hansen (2006), "Building the Chicago School", *American Political Science Review*, 100: 589-596。由格尔茨(Clifford Geertz)和施耐德(David Schneid)领导的人类学中的"文化说"革命通常不被视为"芝加哥人类学派",部分原因在于格尔茨在芝加哥大学只教了十年书,同时也是因为文化人类学是唯一在美国学界存活的人类学形态,因此,再将其认为是"学派"就没有多大意义了。文学批评可以说是在上述学科之外创建了芝加哥学派的代表,读者可在舍恩(Shereen,1988)和格罗克(Groarke,1992)等书中读到有用的材料。

自领域和学界都被普遍认可,并且拥有长达几十年的影响力。它们可以说代表了一种长远意义上的成功。

我们也可以举一些例子来说明较为短期的成功。比方说系科的排名,一直到上世纪90年代,排名都是每十年由权威的社会科学家基于严肃的声望调查得出的。[2]它告诉我们,芝加哥大学的社会科学在1950年前无论经济学、社会学还是人类学都稳居前三或者前四(事实上它们经常位居榜首),政治学和历史学稍逊一些。同样,对芝加哥大学毕业生来说,他们在全美精英大学的分布也是独一无二的。

我们还可以从更短期来看,通常基于我们熟悉的行政指标(比如引文索引、研究生的就业前景,等等)。[3]这些指标过去并不显著,但是仍然有一些回忆录提及芝加哥大学在不同历史时期独特的研究经验。事实上在20世纪四五十年代,也就是芝加哥大学所在社区最危险的时候,芝加哥大学的教授对学校

---

[2] 研究系科排名的文献汗牛充栋,请恕我不在此详细罗列。下列著作都对美国研究生院的系科从学术声誉上进行排名:休斯(R. M. Hughes)在1925年和1934年的著作,凯尼斯顿(H. Keniston)的著作,卡特(A. Cartter)1966年的著作以及国家研究理事会(National Research Council)于1995年发布的报告。

[3] 近年来,大量研究是将著作索引(citation)作为数据来进行的,这类研究看似客观实则充满了偏见,因为它们所认为的索引和"知识"之间的关系是很古怪的。可以说,这类研究只不过给出了有关知识的一种表演性的定义——凡被大量援引的就是知识。

的忠诚也没有改变。

这些不同的标准使我们看到芝加哥大学的社会科学是独一无二的,而这种独特性从20世纪20年代就开始了。

二、解释

要解释这些代表芝加哥大学社会科学成功的特征,当然有不少显而易见的结构要素,在谈及学术的日常状态之前,有必要予以简短的说明。比如芝加哥大学曾经是财力雄厚的美国大学,至少到1950年都是如此。可以说,芝加哥大学后来的成就很大程度上得益于前期的投入。又比如,直到"二战"之前,芝加哥大学和密歇根大学是中西部仅有的两所真正的一流大学,能够和东部的大学比肩。这些早期的优势一直被悉心地开发。

不过,比上述结构因素更长久一点的影响来自芝加哥大学拥有芝加哥大学出版社这样第一流的学术出版机构。芝加哥大学出版社一直属于全美四至五家最顶级的大学出版社,并且在20世纪超越了除牛津和剑桥之外大部分同级别大学的出版社。芝加哥大学的社会科学(尤其是社会学、历史学和经济学)通过芝加哥大学出版社出版的学术期刊,是全美乃至世界范围的一流期刊。从1925年到1942年间,芝加哥大学出版社出版的长达35卷的社会学系列丛书更是奠定了芝加哥大学社会学的基本地位。

另一个让芝加哥大学社会科学在长时段上获益——但未必短期获益——的因素是，芝加哥大学社会科学在1930年到1950年之间，并没有大量吸收从欧洲（移民或流亡）来的学者。与之形成对比的是哈佛的经济系，基本上是由约瑟夫·熊彼得（Joseph Schumpeter）再造的。熊彼得1932年从奥地利移民来美，他起用了戈特弗里德·哈伯勒（Gottfried Haberler）、华西里·列昂惕夫（Wassily Leontief）和亚历山大·格申克龙（Alexander Gerschendron）这些学者。芝加哥大学社会学从来没有经历如此大的变动，尽管物理系确实因为恩里科·费米（Enrico Fermi）和安东尼·齐格蒙特（Antoni Zgymunt）的到来产生了巨变。社会科学内部只有政治学勉强算是（因为德裔学者列奥·施特劳斯［Leo Strauss］和汉斯·摩根索［Hans Morgenthau］的加盟）。在人文系科，有像鲁道夫·卡尔纳普（Rudolf Carnap）这样的移民学者，还有一些对中东研究做出杰出贡献的学者。

这些结构因素对芝加哥大学的杰出成就起到了重要作用。但我们的主要兴趣是去思考，同事之间的日常亲密互动以及在一个相对摆脱了学科限制的自由平台下跨学科的互动是如何对我们的社会科学研究产生影响？我们更直接的问题是，在像文研院这样的事务上，芝加哥大学能提供什么经验呢？

三、设置

A. 学部和学楼[4]

芝加哥大学在学术结构上的第一个创举是其学部制度（divisional form）。芝加哥大学是第一个将所谓的"艺术与科学"师资（Art and Science faculty）分别并入不同学部的大学。这个决定来自芝加哥大学历史上最传奇的校长罗伯特·梅纳德·哈钦斯（Robert Maynard Hutchins，他在成为芝加哥大学第五任校长的时候只有29岁）。1929年的秋天，芝加哥大学在成立社会科学学部的同时，建起了社会科学楼（Social Science Research Building）。

社科楼的意义就在于日常状态下强烈的学科互通。这些不

---

[4] 有关芝加哥大学在社会科学领域的各种"设置"（intervention），我们有很具体的材料来源。奥格本和格登韦塞（Ogburn & Goldenweiser, 1927）是20世纪20年代美国的跨学科研究的代表。在社会科学楼建成之前，社区研究地方委员会（The Local Community Research Committee [1929]）代表了芝加哥特色的跨学科学术实践。怀特（White, 1930）记录了社会科学楼投入使用时的讲演，根据这些记录，当年的跨学科情形和今日别无二致——在处理实际问题的同时，社会科学得到了革命性的变革。十年后，沃思（Wirth, 1940）的著作体现了更为清醒的观点，沿着跨学科的方向取得的学术进展和纯粹在学科的范围内取得的学术进展已是确凿无疑的两回事情了。最无可置疑的基本后果就是一种新的数量化研究（quantification）从中获得了发展的动力，正如我们现在目睹社会科学突生了"大数据"趋势一样。

同的系科当时仅有三四十年历史，它们还没有充分地制度化，还没对大部分美国大学的招聘产生重要影响。尽管年轻而微弱，这些系科已经形成了内在的诉求。无须详述这些诉求是什么，因为它们和我们今天对系科的认识是非常一致的：学科之间相互不理解，追求纯粹的专业化，对实践问题的漠视，狭隘的风格（学科和跨学科的张力是永恒的，就像我此前谈到专门和普遍之间的联系时强调的那样）。

但是将不同的社会科学院系放在一个社科楼里面，在当时意味着什么呢？一个显而易见的考虑是，大学希望不同的院系多了解彼此，虽然当时的专业化并不深。我们要知道，最初这个楼分配办公室的时候，并不是以系为单位进行的。为了这次讲座，我特意从芝加哥大学的历史档案里面调出了从1930年到现在的办公室分配记录。虽然我还没有完整地掌握这80多年的分布，但是有些初步的发现。[5]

---

[5] 有关不同学者的办公室在社会科学楼内的分布数据由我本人收集而成，这是我用于研究芝加哥大学社会科学楼内的跨学科研究实践的项目的一部分。我对社科楼的办公室从1929年至今的归属以五年为一期，逐期比较。芝加哥大学并没有这方面的正式档案可用，我们必须从芝加哥大学的出版物和电话簿中收集此类信息（感谢助研李天骄在这个项目中的工作）。我曾详细讨论了图书馆对社会科学研究的核心意义，尤其指出了将图书馆和社会科学研究分割开来这一通行做法的负面影响（参见 *Library Research Infrastructure for Humanistic and Social Scientific Scholarship in America in the Twentieth Century*，2011）。

第五章 学术作为理念与学术作为日常工作

早在1930年，这座楼里面没有哪一层楼有超过一半的办公室仅被某一个院系的教师所占据。比如，当时成立仅一年的人类学系就在二楼，五位人类学家和三位经济学家、一位政治学家以及一位社会工作专业的教授在一起。如果说楼层的空间在学术的意义上有什么集中分布的话，那么可以说是方法论。上世纪30年代是统计学上的奈曼-皮尔逊革命（Neyman-Pearsonian revolution）时代，所以在四楼的经济学家和在芝加哥大学社会学系做定量工作的威廉·菲尔丁·奥格本（William Feilding Ogburn，中国社会学家陈达在哥伦比亚大学攻读博士的导师）以及定量政治学者哈罗德·戈斯内尔（Harold Gosnell）应该有很多共同语言。五楼的格局与此相反，芝加哥大学当时最重要的经济史学者约翰·乌尔里克·奈夫（John Ulric Nef，社会学家罗伯特·帕克［Robert E. Park］的助手，社会思想委员会的创始者之一）和通史学者路易斯·戈特沙尔克（Louis Gottschalk）以及芝加哥大学经济学历史上最重要的思想者弗兰克·奈特（Frank Knight）都在那里。

1930年，就在这座五层高的楼里面诞生了四本重要的学术期刊，这四本期刊从那时至今都是所在领域最重要的期刊——《美国社会学杂志》（*The American Journal of Sociology*）、《政治经济学杂志》（*The Journal of Political Economy*）、《现代史杂志》（*The Journal of Modern History*）和《社会服务评论》（*The*

Social Service Review）。

这座五层高的社会科学楼,和芝加哥大学当时最重要的图书馆——哈珀图书馆(Harper Library,以芝加哥大学第一任校长威廉·哈珀[William Harper]命名)比邻而建。在阅读对研究极端重要的 20 世纪中叶,需要强调芝加哥大学这一政策的重要性。芝加哥大学在 1910 年建成这一图书馆,只比它晚四年的哈佛大学著名的怀德纳图书馆(Widener Library)却走上了另一个模式,它将院系图书集中在一处,这个大图书馆与院系截然分开。怀德纳图书馆建成后的 20 年,几乎所有美国大学的中心图书馆都沿袭了它的模式。

但是芝加哥大学不同,芝加哥大学的图书馆和社会科学院系以及人文学院系就是邻居。图书馆的社科读书室和人文阅读室就在社科楼的三楼旁边,芝加哥大学的教师和学生根本不用出自己院系的楼门,从楼内就能走到图书馆读书。1969 年芝加哥大学兴建的中心馆虽然和社科楼隔两条马路,但这个庞大的中心馆有大约 240 个教师的研究办公室,以确保芝加哥大学的教师能够很方便地把所需的馆藏资料拿到手边工作。

从 1920 年到 1970 年,社科楼里面有过历史学、政治学、社会学、人类学和经济学。资深教授在这段时间内几乎都在这座楼里面。我手里有 1959 年所有办公室的分配记录。即使到了这一年,也只有一层楼的办公室超过一半被一个系的教师使用(经济学教授占据了一层的四分之三的办公室)。在这一年,有9本学术期刊的办公室就设在社科楼里面,而哈珀图书馆仍然和社科楼比邻而居。在这一年,社科楼里面的茶歇室(tea room)仍然提供咖啡和茶点。所谓的跨学科,在芝加哥大学是日常工作不能回避的一部分,是在楼里工作的学者的生活。奠定芝加哥大学传统的社会学、经济学和人类学都诞生在这座充满了学者们高声争论的楼里面,他们喝着劣质的红茶,吃着发腻的甜点。对1971年年初来这座楼读博士的我来说,这座楼充满了吸引力,比起我在哈佛读本科的那座高大但被严密的院系分工有效切割的詹姆士(William James)楼,这座楼好多了。

B. 核心课

芝加哥大学的第二个特别之处是它的本科生课程。[6] 从1930年至今,芝加哥大学的本科生课程体系的名称改变了几次,但一些基本的要素保持不变——本科生课程强调通识教育而不是专业化的教育。本科生课程的基础是那些不以专门学科为出

---

[6] 关于芝加哥大学的本科生核心课,请读者参阅芝加哥大学现任和前任教职员所著的《通识教育的理念与实践》(*The Idea and Practice of General Education*,1950)和马克阿隆(J. MacAloon)的著作《社会科学中的通识教育》(*General Education in the Social Sciences*,1992)。

发点的必修课，而这些必修课都是以讲授为主，任课教授有的隶属于具体的学部，有的没有。在讲授之外，这些课程还设有不同教员主持的小型讨论班。从内容、授课人到课程背后的理念，本科生课程都堪称是跨学科的。

这一本科生课程体系中由社会科学担纲的部分稳定地由三门必修课组成的序列构成，虽然这个序列产生了不同的版本，但其特征一直维持到前几年才发生变化。这个序列的课程都由来自社会科学学部的师资主持。所有相关教学也都是由社会科学学部的师资来完成的，经济学在这个课程序列里的缺席无疑是引人注目的。但除此之外，其他的社会科学院系通常会有至少一到两名——通常是三到四名——教师常年在本科生核心课中教学。大约在1960年之后，因为本科生院不再独立设师资，学部对核心课教学的意义变得尤为重要。学部专设一名学部长（divisional dean）主持相关的本科生教学，我本人在上世纪90年代就曾担任过这一职务。直到那一时段，毫无疑问，芝加哥大学所有的社会科学核心课程仍然保持了很强的通识教育色彩，而且绝大部分社会科学核心课的内容就是社会科学领域的经典著作——马克思、涂尔干、韦伯、弗洛伊德、卢梭、黑格尔等等的作品。20世纪50年代中期之后，社会科学学部的一批区域研究专家创设了"文明"课程（civilization courses），最初包括印度、中国和伊斯兰文明的课程，以此中和核心课的理

第五章　学术作为理念与学术作为日常工作

论部分过强的西方经典色彩。而这些创设仍然属于多学科性质的努力——超越西方文明限制的动力来自历史学家、人类学家、政治学家，有时也来自社会学家。

总的说来，在社会科学学部内，各学科的学者积极参与这样一个跨学科的教学项目，而这样的教学是以那些本科生关注的典型的大问题（grand question）和重要且不可回答的疑惑为导向的。显而易见，这种经验让芝加哥大学社会科学的学者不只关注自己的专业领域，也思考了大问题。

但坦率地说，核心课的教学在多大程度上促进了这些学者自己的学术研究，我没有清楚的答案。很多承担过芝加哥大学本科生教学任务的社会科学系的研究生都走向了学术生涯的坦途，进行本科核心课教学的老师们也获得了在研究界难以收获的那种兴奋和热情。但是当我想到芝加哥社会学派的时候，比如说，这个学派有没有哪位核心学者在本科生教学中扮演了重要的角色，情况正好与之相反。我本人的导师莫里斯·詹诺维茨（Morris Janowitz）想把在本科生教学里面获得的那种兴奋带到研究生教学，但他的办法是让研究生把芝加哥学派的著作当作经典去阅读。值得注意的是，除了上世纪30年代初期哈里·吉迪恩斯（Harry Gideonse）在核心课程短暂地执教之外，经济史学者之外的经济学家在核心课中的参与度可以说是极低的。热爱核心课教学的教授当然会对那些过于专业化的学问不满，还会讽刺那些专业性太强的学者对伟大的西方哲学传统知之甚少。

与此同时，20世纪50年代中期之后"文明"课程的推动力既与芝加哥大学学术研究国际化的倾向有关，也无疑助后者一臂之力。正是在这段时间，芝加哥大学横跨人文学部和社会科学学部的区域研究项目开始启动，社会科学学者在其中占据了主导地位。就此而论，1960年社会科学学部内的一批历史学家，包括威廉·麦克尼尔（William McNeill）、马歇尔·霍奇森（Marshall Hodgson）、哈利勒·伊那齐科（Halil Inalcik）、约翰·霍普·富兰克林（John Hope Franklin）和何炳棣先生，他们所达成的在芝加哥大学实现一个致力于世界史的历史系而不是一个由美国史学者主宰的历史系的共识是至关重要的。我要补充的是，自20世纪中叶开始的建设"文明"课程的动力，的确让芝加哥大学的学术研究视野扩展到了狭义的西方之外。因此，20世纪50和60年代，芝加哥大学的本科生课程——核心课和"文明"课程——成为推动芝加哥大学跨学科研究的引擎。

C. 新的委员会

芝加哥大学社会科学的另一不同寻常之处就在于它的委员

会设置。[7]其中有两个委员会是跨学科的研究生项目。它们从各个学科的现任教授中遴选成员,偶尔也对外招聘。它们有自己的行政人员,也招收少量的研究生。人文学部部长理德·麦基翁(Richard McKeon)曾经是这个体系的推动者。他促成了好几个委员会,其中之一便是他自己领导的、将所有哲学凝聚成多元哲学的一项创举。其中有两个委员会于1930—1940年间在芝加哥大学社科部落成并一直延续至今,即社会思想委员会和比较人类发展委员会。另外一个当时更出名的委员会——新国家比较研究委员会(Committee on Comparative Study of New Nations)在上世纪60年代横空出世,但在70年代中期便悄然陨落了。

人类发展委员会(The Committee on Human Development)居于人类学系和心理系之间,它有一段复杂的历史,并且长期仰赖于这两个系的师资。这个委员会见证了1930—1980年间显赫一时的社会科学范式,即以人类学家鲁思·本尼迪克特

---

[7] 目前还没有人严肃探究过人类发展委员会的历史,但关于社会思想委员会的研究可参阅艾美特(R. B. Emmett)的著述(例如2013 & n.d.)以及托马斯(R. S. Thomas)的博士论文(Enlightenment and Authority: The Committee on Social Thought and the Ideology of Postwar Conservatism, 1927–1950, 2010)。我的学生沃纳(Bijan Warner)极为细致地爬梳了档案材料,并由此写出了有关"新兴民族委员会"的出色研究(Intellectual Excitement and Inquiry at the Committee for the Comparative Study of New Nations, 1959–1976, 2009)。

（Ruth Benedict）和玛格丽特·米德（Margret Mead）为代表的文化与人格研究学派。这个范式并不具备典型的芝加哥风格，而且也缺乏20世纪中叶弗洛伊德心理学那样强劲的势头和地位，现在也已经失去了其早期的活力。

相比之下，社会思想委员会重要得多。社会思想委员会创建于1942年，它的灵感来自当时三位创始人的讨论。他们不满于社会科学堕落为专门的技艺，也对现代社会因为高度科学化、世俗化而丧失伦理价值忧心忡忡。他们希望培养全新面貌的研究生，这些学生不仅擅长思考抽象的理论和道德问题，而且勇于探索现有的经验问题和经验范式，比如当时盛行的经济学的边际革命。其中两位创始人亦是各自领域的杰出学者——人类学家罗伯特·雷德菲尔德（Robert Redfield）和堪称同代人中最出色的四五个经济学家之一的奈特（他是现代经济学风险理论的始祖），第三位创始人是中世纪经济史学家奈夫。

社会思想委员会是由哈钦斯校长本人推动的。和奈夫教授一样，哈钦斯校长怀有强烈的意愿去建立一个和雷德菲尔德提倡的跨文化研究以及奈特提倡的民主化思路都非常不同的研究机构。简单来说，1950年，哈钦斯发现很难将哈耶克（Friedrich Hayek）这样的学者安置在经济系，便将他放在社会思想委员会。在哈耶克和奈夫的领导下，社会思想委员会迅速将其课程重心

第五章 学术作为理念与学术作为日常工作

放在西方哲学经典上,并且致力于培育一种保守的、同时自由的并且甚至有点反民主化的哲学和政府观。它是现代美国保守主义思想的根基所在。我们所熟知的倡导自由市场及政府的朝圣山学会(Monto Pelerin Society)就是由哈耶克和其他人创办的。主要的芝加哥成员有:奈特、弗里德曼(Milton Friedman)、斯蒂格勒(George Stigler)和亚伦·迪雷克托(Aaron Director)。可以说社会思想委员会早期是孕育芝加哥经济学派的主要力量之一。当然委员会后来逐渐转向其他领域,包括艺术。但它再没有像前20年那样如此专注于某一问题核心。和人类发展委员会一样,社会思想委员会璀璨的时间也很短暂,但在那一段时间里它的思想是深刻的。当然现在各个系科的杰出教授仍然把一部分时间放在委员会里,但社会思想委员会作为思想核心的地位已经不再了。

值得一提的是,在社科楼五楼,即奈夫和奈特办公室所在的楼层,芝加哥大学曾经把一间办公室留给了费孝通先生,那是当年他来访美国的时候。芝加哥大学的档案馆至今保留着一封费孝通致罗伯特·帕克的信,信的落款地址就是社科楼502室。

社会思想委员会的这种转型特质在短命的新兴国家比较研究委员会(Comparative Study of New Nations,1959—1976)身上也能看见。与社会思想委员会及人类发展委员会不同,新兴国家比较研究委员会并没有成为授予学位的研究机构,而且它是由一批年轻人创办的。这个机构成立的时候,最年长的创始人是希尔斯(Edward Shils,时年49岁),大卫·阿普特(David Apter)35岁,汤姆·法尔斯(Tom Fallers)34岁,而克利福德·格尔茨(Clifford Geertz)只有33岁。除希尔斯之外,创始人都刚来芝加哥大学任教。阿普特是1958年来的,而格尔茨、法尔斯还有大卫·施奈德(David Schneider)都是被人类学家弗雷德·埃根(Fred Eggan)招过来的。他们几位都是在斯坦福高等研究中心结识的。事实上关于这个研究机构的最初构想就是在斯坦福中心形成的。这也暗示我们,不在场的跨学科研究中心有一定风险——那一年伯克利三位最出色的人类学家就是通过斯坦福中心而转向芝加哥大学的。

新兴国家比较研究委员会组织日常性学术活动的方式也很不一样。实际上,新兴国家比较研究委员会的主要活动是每周的讨论会(seminars),讨论会主要关注委员会成员的研究工作,也较为定期地邀请芝加哥大学之外的学者参加。这个委员会从无资金匮乏之苦,其早期的赞助尤其丰厚。委员会的资金主要是由卡内基基金会和福特基金会提供的,这两个基金会在15年里给该委员会捐出超过650万美元的赞助;其中一半的资助用于补助教授,减轻他们的教学负担。在这一时期,参与者可以深入阅读彼此的研究成果。在委员会的最初10年,它开展的讨论会是如此活跃、针锋相对而且强度极高。但是 1970 年以后，它显然衰落了。

新兴国家比较研究委员会在讨论会之外的活动主要是通过设立小型的奖金来运作的。基本上该委员会设立的奖金都没有对接受者提出过什么要求。除此之外，该委员会也有针对研究生的一些零星项目，主要是支持研究生完成论文的奖学金。

就成果来说，类似该委员会的设置主要的成果就是参与其中的学者所获得的兴奋和在研究工作上的进展。若以在委员会的经费支持下完成的书稿而论，新兴国家比较研究委员会的成果恐怕还赶不上以纽约为大本营的比较政治委员会（Committee on Comparative Politics）；后者是具有大学联合会性质的社会科学研究委员会（Social Science Research Council）下设的机构，主持人又是一名来自芝加哥大学的学者加布里埃尔·奥尔蒙德（Gabriel Almond）。但从另一个角度来说，该委员会很好地支持了格尔茨，也因此托起了美国 20 世纪下半叶最富影响力的这位人类学家辉煌的学术生涯。位列该委员会成员的学者们的成果放在一起是炫目的成就，我们可以这样来总结它，新兴国家比较研究委员会非常有助于大变化的产生，但它自己在最初的兴盛之后并无硕果可言。

四、结论

下文将总结一下上述举措对芝加哥大学社会科学的学术成就产生的影响。我在前面回顾了三大举措。第一个举措是芝加哥大学建起了一座无形中贯彻了跨学科互动的社科楼,这可以说是其他若干举措的基础。这一举措在学术的日常经验这个层面上无疑取得了成功,因为它将不同学科持续地整合起来。芝加哥大学的社会科学家同在这栋楼里工作的40多年间,在其中每日发生的那些碰撞和接触也许是造就社会思想委员会这样的机构的原因,而社会思想委员会代表的是芝加哥大学的社会科学在较长时段内的成功。在学术工作最长的时段上——我指的是芝加哥学派代表的时段——这座楼也许提供了甘土,但并没有结出果实。诸多芝加哥学派大部分都是系所的成果,部分的原因可能是这些学派的听众是学科。作为学科意义上的学派,它们可以因为跨学科的互动而受益,但却不能作为跨学科的结构而流传下去。事实上,很难想象跨学科论(interdisciplinarism)可以在长时段上执掌一个学派的生命。能在长时段上有效地跨越学科边界的学术组织恐怕只有区域研究,而区域研究总是因为必备的语言和历史研究能力而被整合起来。

芝加哥大学的第二个举措是一个各方共同指定的课程体系,这个课程体系推进了跨学科的互动,而且促使学者把专业

第五章　学术作为理念与学术作为日常工作

领域内的研究与那些影响更为深广的政治和伦理问题联系起来。毫无疑问,这一课程体系以及与之相配合的教学使知识探索变得更令人兴奋。这样的课程体系刺激了社会科学学部内专业学者的研究工作,即使不是确定无疑,也是非常有可能的。人类学家和区域研究学者从本科生核心课程的教学中得到了相当大的支持,人类学的研究生课程体系可以说就是核心课的一个延续。但在本科生核心课程的教学中最活跃的社会学家——如路易斯·沃思(Louis Wirth)和唐纳德·莱文(Donald Levine)——却很难说得上给这个学科留下了很多学术遗产,反倒是那些在芝加哥大学本科生教学中锻炼成长的少数研究生——比如约瑟夫·古斯菲尔德(Joseph Gusfield)——将芝加哥社会学派的宗旨传给了下一代学人。长期来看,课程建设的源起正是在对专业化知识的制约上。而社会学与经济学的芝加哥学派和本科生的核心课程并无直接的关系,与之相反,这两个学派很大程度上是由那些大体上拒绝投身于本科核心课程教学的学者创造的。

我考察的芝加哥大学的第三个举措是具有跨学科性质的研究生项目,其中以社会思想委员会为代表——这些研究生项目培养了一类运用多元的方法进行研究但仍专注于具体问题的新型学者。从学术的日常状态来看,社会思想委员会总是充满极强的学术活力,在研究生中尤其如此。但是社会思想委员会中起主导作用的学者在代际更替中完成的学科转移意味着他们实质的学术关怀在稳定地变化着。在中间时段上看，社会思想委员会促成了芝加哥经济学派的起飞，但这只是个意外。社会思想委员会一度对经典自由主义文本的重视和经济学那种具有扩张性的普遍主义比较对路，和哈耶克与弗里德曼以及其他人代表的政治保守主义也算吻合，而正是哈耶克等人将芝加哥经济学派关于放任自由市场的福音书（gospel of laissez-faire）从经济领域运用到政治与政府中。社会思想委员会之后的主导学者并没有产生这种性质的影响。从长时段来看，改变社会思想委员会影响力的一个因素是，社会思想委员会拒绝向现有的学科体系妥协，因而其毕业生在寻求教职上不是很顺利。与之相应的是，经济学和社会学的芝加哥学派的毕业生在美国和美国之外的教职市场上总体来说表现是比较稳定的。

最后，我们谈到了新兴国家比较研究委员会——一个将教授从教学中解脱出来、将大量时间用于有效的讨论班的委员会。这一做法在日常的学术实践中无疑会提升学者的研究激情和工作效率。这一委员会的确是个令人兴奋的学术组织，它成功地吸引了那些志在研究北美和西欧之外地区的优秀的年轻学者。从中时段的角度来看，这个委员会也搭建了将其成员与芝加哥大学的核心课程体系相联系的桥梁，霍奇森关于伊斯兰社会的三卷本教科书就是一例，这套著作算得上是第一部从学术角度写作的关于伊斯兰社会的综合性历史。从长期来看，新兴国家比较研究委员会与极具文化论色彩的人类学的兴盛有着密切的联系，格尔茨还在这个委员会的时候就开始在这一取向的人类学方向上努力。格尔茨后来去了普林斯顿大学的高等研究院，在那里的30年，格尔茨在研究生中间打造了一个重视文本、具有阐释色彩的人类学。他深刻影响了其行当内整整一代学者，这一代学者的学术旨趣因而远离了影响他们上一代人类学家至深的社会结构问题。

这个有关成功和不成功的成绩单似乎显示了不同时段上的学术成功之间存在严重的脱节。所有上述举措在短时段上都获得了成功：每一个举措都使知识探究更令人兴奋，使学术工作更充满激情，学者对研究更为执着。但是这些举措并没有转化为中时段的成功，至少没有让与某一举措直接相关的范式或者核心的理念取得中时段上的成功，许多所谓的成功都是相当有限的——新兴国家研究的范式持续了15年左右的时间，成功地成为帕森斯式的现代化范式之外的取向；哈耶克式的保守主义变得只在政治上具有意义，不仅退出了学术领域，而且与社会思想委员会失去了直接的关联。而具有跨学科色彩的核心课程实际上令投身于它的学者不再认同他们的学科。

从长时段上看，我们也许会在两个成功的芝加哥学派——经济学和社会学——身上看到，它们的成功是因为充满个人魅力的学者导师不断出现，这些学者导师将研究上的成就和指导不同背景的研究生的能力融为一体。从奈特到弗里德曼，从斯蒂格勒到卡尔·贝克尔（Carl Becker）和罗伯特·卢卡斯（Robert E. Lucas）的传承在芝加哥经济学派那里看得很清楚。自20世纪30年代开始，芝加哥经济学派就不乏这样的学者，而和这些学者联系在一起的那些理念——从风险（risk）到货币主义（monetarism），再到估算定价（imputed pricing）——无一例外都是影响了整个学科的理念。同样，芝加哥社会学派也建立在从托马斯（W. I. Thomas）到帕克、欧内斯特·伯吉斯（Ernest Burgess），再到埃弗雷特·休斯（Everett Hughes）、詹诺维茨的传承，我亦希望自己能成为这传承中的一环。在这个传承中，我们也能看到研究上的贡献和有效的教育能不间断地持续。但社会学派的传承和经济学派的不同之处在于，它有着自觉地学习传统的意愿，这一传统在理论上的多样性和经验研究上的丰富性是并存的。社会学派和经济学派的另一个不同之处在于，它对不同的人意味着不同的东西。芝加哥社会学派对某些学者来说意味着城市民族志（这也是帕克当年带到燕京大学的那条线索），对另一些学者来说意味着社会心理学，而对另一些学者来说还可以意味着生态学。但与此同时，有些学者致力于发现芝加哥学派的理论核心，例如安塞姆·斯特劳斯（Anselm Strauss）、涩谷户松（Tomatsu Shibutani）和我本人。这么一来，

第五章 学术作为理念与学术作为日常工作

真正的问题则是，如果上述级别的学者导师能够稳定地出现，那么在学术的日常活动里的那些举措，比如一栋新楼、一个委员会、一个学院，对这个目标会如何产生影响？研究和教育的结合似乎是最重要的。在长时段上获得成功的芝加哥学派——经济学、人类学、社会学和政治学——都是因为有伟大的理念和培育了执着于这些理念的年轻学者。因此，从长期来看，只着眼于研究的措施并不是真正的明智之举。在我个人看来，芝加哥大学最成功的或许就是像社科楼这样的举措。它将诸学科的距离缩短却没有让它们走得过近，它给这些院系支持的同时也给它们压力。而且，这个学部的规模并不大——整个学部开始的时候只有七八十人。学者吃茶点和喝咖啡的状态乃至他们如厕的状态都是他们真实的一部分，学者们带来的竞争同样也不能无视。核心课程或各种委员会就像是令人兴奋的小岛，它们都可以开启或长或短的学术刺激，但是成就了学派的那种卓越属于在一个充满期待和挑战的环境中日复一日的教学和研究。

对我来说，北大文研院迈出了这方向上的一步。我深信文研院会孕育出像芝加哥学派一样的学术群体，我和在座的各位也都希望看到他们和未来的芝加哥学派相互砥砺。谢谢大家！

参考文献

[1] Abbott, A. 1999. *Department and Discipline*. Chicago: University of Chicago Press.

[2] Abbott, A. 2011. "Library Research Infrastructure for Humanistic and Social Scientific Scholarship in America in the Twentieth Century," in *Knowledge in the Making* (pp. 43–87), C. Carnie, M. Lamont, & N. Gross (Eds.), Chicago: University of Chicago Press.

[3] Emmett, R. B. 2010. "Specializing in Interdisciplinarity: The Committee on Social Thought as Chicago's Antidote to Compartmentalization in the Social Sciences," *History of Political Economy* 42 (Supplement): 261–87.

[4] Emmett, R. B. (n. d.). "Frank H. Knight and the Committee on Social Thought," Unpublished paper.

[5] Groarke, L. 1992. "Following in the Footsteps of Aristotle," *Journal of Speculative Philosophy* NS 6: 3: 190–205.

[6] Heaney, M. T. , & J. M. Hansen. 2006. "Building the Chicago School," *American Political Science Review* 100: 589–596.

[7] Local Community Research Committee. 1929. *Chicago: An Experiment in Social Science Research*. Social Science Studies, Number XVII. Chicago: University of Chicago Press.

[8] Macaloon, J. 1992. *General Education in the Social Sciences*. Chicago: University of Chicago Press.

[9] Ogburn, W. F., & A. Goldenweiser. 1927. *The Social Sciences and Their Interrelations*. Boston: Houghton Mifflin.

[10] Present and Former Members of the Faculty. 1950. *The Idea and Practice of General Education*. Chicago: University of Chicago Press.

[11] Shereen, F. W. 1988. *An Introduction to the Assumptions, Methods,*

and Practices of the Chicago School of Criticism. Unpublished PhD dissertation, University of Cincinnati.

[12] Thomas, R. S. 2010. *Enlightenment and Authority: The Committee on Social Thought and the Ideology of Postwar Conservatism, 1927-1950*. Unpublished PhD dissertation, Columbia University.

[13] Van Horn, R. P. Mirowski, & T. A. Stapleford. 2013. *Building Chicago Economics*. Cambridge: Cambridge University Press.

[14] Warner, B. 2009. "Intellectual Excitement and Inquiry at the Committee for the Comparative Study of New Nations, 1959–1976," Unpublished Qualifying Paper, Department of Sociology, University of Chicago.

[15] White, L. D. 1930. *The New Social Science*. Chicago: University of Chicago Press.

[16] Wirth, L. 1940. *Eleven Twenty-Six: A Decade of Social Science Research*. Chicago: University of Chicago Press.

第六章 知识的未来[*]

首先我要感谢社会学系邀我今日下午来做这个演讲。知识的未来这个话题曾逐渐生发于我对学科、研究实践以及图书馆更为专门化的研究之中,后来则在我对理论社会学不那么专门化的关切中发展。现在我可以将我对这个话题的诸多想法集结起来了,感谢你们给了我这样一个机会。

一、此处无革命

在演讲伊始,我应首先澄清我不会做什么。我不会告诉你们当下的知识革命。当下根本就没有知识革命。这是我的第一个要点,我们得尽快认识到它:我们并未处在一场知识革命

---

[*] 孙凝翔译。本文译自"The Future of Knowledge",出自2017年6月作者在德国研究基金会(DFG)主持召开的"关于社会学知识的社会学"(The Sociology of Sociological Knowledge)会议上的主题演讲,但译文所用底本与该演讲文稿(The Future of Expert Knowledge)有所不同,敬请读者注意。收入本书的译文以作者给予的英文稿为基础。本篇注释均为译者注。

中；相反，我们一直处在一场相对稳定而连续的全方位的社会变革之中。这一变革至少可追溯到两个世纪之前，正是它影响了我们的沟通与知识。

为了证明这一点，我要提醒我们所有人一些事实，一些我们全都知晓或至少曾部分知晓，但却在当下的亢奋中轻易忽略了的事实。我将这些事实概括成三点：人际联系的一般模式，沟通的特定模式与知识的特定机制。

让我从不同人群间的新联系形式开始，这通常被视为"网络革命"中最具革命性的方面。我们应从回忆18世纪晚期英格兰的第一波城市化浪潮开始——这种沟通的多样性第一次出现了。城市化随后与农业、工业革命一起传遍欧洲。今天，我们或许会将城市化当作理所当然，但它其实非常晚近才成为一种大众现象。当我一再列举这些早期变革时，我们会看到这一现象：那些今日我们认为理所当然的事物根本没有那么陈旧，甚至在它的时代具有相当的革命性。城市化只是诸多这样的事物之一。

让我们继续。让我们从18世纪晚期的城市化往下说，拿破仑时代见证了一系列的公路交通发展以及遍及欧洲的其他基础设施关联。在18世纪晚期（拿破仑时代）的城市化进程中，公路与其他连接着整个欧洲的基础设施逐渐发展起来，同一时期的战争使军事及其他领域的人口流动规模——强制或不强制的——都远超18世纪。仅仅40年后，19世纪40年代的欧洲铁路已拥有每年数以百万计的乘客。此后又40年，19世纪晚期，大量欧洲人口涌向了美国、澳大利亚及那些新的商业帝国。全球范围内的蒸汽船数量激增，这为帝国反向创造殖民地与宗主国间的人口、产品交换奠定了基础。20世纪早期的战争导致了人口的急剧混合，随后欧洲人再也无法承担的商业帝国的权力下放也推动了这一进程。20世纪50年代后，飞机开始逐渐变革国际连接，航空管制的取消与20世纪80年代后其他使得长途旅行普及到发展中经济体内中下阶层的变化又加速了这一进程。

因此，那种认为网络促使不同人群间相互连接程度剧烈变化，促使种种差异之对抗产生革命性改变的想法，彻彻底底地错了。任何一个在过去两百年中活到60岁的人都至少经历了一次或两次不同人群间沟通水平的变革。当然，有一些农民从未直接体验过这种流动性，因为他们始终生活在故土之上。然而即便是留守故土，人们实际上也被资源的往来流动与返乡的移民所改变。在个人经验的层面上，过去两百年来，几乎没有人能够逃过不同人群间稳定增长的连接的影响。基于互联网的全球化并没什么不同。

让我们来看沟通的媒介，多多少少也能找到相似的故事。我们能将这些媒介区分为集体传播的媒介与个体交流的媒介。按照这一区分，拿破仑时代便已有如《爱丁堡评论》与《评论季刊》这样代表着社会中上层意见的全国性刊物。到了19世纪中叶,中产阶级的阅读公共化,大量图书处于流动之中,狄更斯、马利特[1]等人的小说被陆续出版。19世纪的最后25年,大众教育使得新近接受教育的工人阶级也能够阅读大众报纸与廉价小说。20世纪早期出现了无线电。20世纪中期出现了电视机。在向21世纪迈进的日子里还出现了网络。重复一遍,非私人化沟通的范围与即时性基本每40年就会发生一次变革。过去两百年中,没有任何一个时代、一个人能够不经历至少一次沟通革命而活到60岁——许多人经历了两次,甚至有一些经历了三次。我的父亲出生在没有无线电的世界,他经历了无线电与电视机的出现,到2007年去世时还拥有着一个常用的网络账户。通讯革命已是他生命中的寻常部分。

对于更私人化的沟通形式而言,始于19世纪40年代的英国廉价邮政(the penny post)或许是个开端。它使得跨越广阔的社会阶层的即时沟通成为可能。此外,19世纪40年代不仅带来了前文所述的铁路,还带来了电报这一必要的伴生品。作为那个时代的iPhone,电报使活动与经验的协同达到了新的水平,仅仅20年前,这一切还完全无法想象。最初仅为社会精英所用的电报很快被其他阶层所使用。19世纪末尾,电话在私人领域间的联系开始了自己的革命,尽管如克劳德·S.费歇尔(Claude

---

[1] 马利特(Eugenie Marlitt, 1825—1887),德国19世纪女作家。

S. Fischer)所说,这是一个渐进的过程。有趣的是,电话恰恰显示了一种相对持久性。到了20世纪中叶,电话仍未如人们所预期的那样"遭到革命",反而在持续拓展着其长途通话的范围,直到美国电信垄断的瓦解使得长途通话价格骤降,它才变得稀松平常。随后的90年代,数据革命到来,今日人们习以为常的"随时随地"进行语音与数据交流的沟通方式就此产生。

所以,正如我们所见,不论是大众传播还是私人沟通,不同人群间的沟通水准多多少少都处在持续的"革命"之中,沟通的模式亦如是——唯一的例外或许是占领了王座80年的电话。

最后,那些创造、储存与检索知识的机制也多多少少经历着持续的革命。自拿破仑时代起,它们同样每40年或更短的时间便会经历一次革命。作为一个物理上集中了学术及其严谨性的革命性的知识结构体,现代大学起源于19世纪初的德国大学改革。19世纪中期,科学期刊与索引百花齐放,最终分流为诸多文摘期刊。19世纪晚期,杜威的十进制图书分类法使得按主题浏览的研究策略成为可能。同一时期,霍勒瑞斯(Herman Hollerith)的穿孔卡系统[2]将全美人口调查资料整理

---

[2] 1886年,霍勒瑞斯用机电技术取代纯机械装置,制造了第一台可以自动进行四则运算、累计存档、制作报表的制表机。这一系统被认为是现代计算机的雏形。这台制表机参与了美国1890年的人口普查工作,结果仅用六周就得出了准确的人口统计数据,大大缩短了时间。

第六章 知识的未来

所需的时间从六年降至六周,这革命性地开启了量化调查的可能。编纂《牛津英语词典》这类群策群力的行动和现代的学科专业化也出现在这一时期。19、20世纪之交,美国出现了第一个国家图书馆目录系统,这就是那个时代的"世界图书目录系统"(World Cat),其初版在20世纪30年代中期接近完成。20世纪20年代,美国为所有主要的图书馆提供了完整的国家期刊清单与馆藏。20世纪40年代,缩微胶卷、计算机和第一个电子化的关键词索引出现了。20世纪70年代出现了第一个电子化的引文索引。在此,我们也是每隔20到30年就会看到一次革命。这还只是人文科学与社会科学的工具。自然科学方面的变化更快。

没必要列举更多例子了。一个简单的事实是,自19世纪之交以来,每隔几十年人们就会更新并掌握主流的组织、索引和检索知识的方法。任何一个在过去200年中有着40年职业生涯的学者,都至少经历了一次或两次知识生产的机器和工具的重大转型。因此,我们今天的体验一点也不特别。

让我稍做总结。鉴于我所讨论的各个领域的变化节奏交错不一,过去200年中任何一个活到五六十岁的人都不可避免地经历了三次或四次在社会互联、沟通与专业化的知识机制方面的重大转变。他/她不可避免地带着惊异与新的多元的人群进行接触,与年少时更加简单的世界相比,这一切似乎势不可当。

他/她必然在大众传播——也极有可能在个人通讯——方面看到了同样巨大的变化。在知识生产的方式上亦如是。或许有那么十年，一个人可以假装一切照旧，但那些转变总是随着时间而逐渐展开，因此在过去的200年中的任何一个时刻，只要一个人没把头埋进沙里，他就不得不注意到世界知识的快速变迁。不仅如此，由于这段时期人们的预期寿命至少增长了20岁，他们在一生中也就不可避免地经历着更多的这些变化。

现在所有这些人，至少过去200年中的所有世代，都认为他们自己所经历的变革是最伟大的，使之前所有的变化都黯然失色。自然，只有当变化呈指数状且斜率不断增加时这才可能是真的，而只需统计所有可计数的东西，例如已出版的书籍、发表的文章或网络会话的数量，我们便可轻松找到这一指数的统计证据。然而所有这些证据都忽略了另一些事实：今天出版的书籍实际上很可能无人问津，发表的文章中有许多放在50年前根本就无法出版，而网络对话只是取代了过去在走廊或操场上的交谈——那些统计数字可能毫无意义。

事实上，我认为变化速度在不断加快只是一种幻觉。那为什么我们都相信它？在我看来，这种信念不过是生命历程的造物。对儿童和青年来说，时间过得很慢，他们不可避免地认为其诞生的世界已被给定了基本类型与结构，即便他们的父母同样经历过一个过渡与变化的世界。我们生活的时间越长，每一年的重要性便越低，5岁时候的永恒不过是30岁时的几个月、70岁时的一眨眼。随着年龄的增长，世界似乎不可避免地变得越来越快。

可以肯定，随着年岁渐长，大多数人逐渐意识到，那些年少岁月中一度坚固的事物不过是海市蜃楼。我们本该认识到改变是稳固而持久的，可我们并未如此，反倒是找回了年少时学到的主意：历史发生于连续却不同的时期中。我们将历史的发生分期是因为社会叙事的逻辑迫使我们这样书写，因为理智的教育学的要求使我们几乎只能以这样的方式教学。

然而"时期"并不真的存在。按时期书写的历史强化了这样的观念，即对给定历史时期的形塑而言，只有特定的几个特征是重要的，并且这些特征往往落在一个狭窄的时间段中。因此，这样的历史忽略了那些已从台前走过的或尚未从舞台两侧登台的人。自然，除了其占主导地位的时期，这些人依然活着并且始终是活跃而重要的社会成员。举个局部的例子，想想魏玛时期，其时其人看起来都如此独特和不同，可也正是这批人，他们中大部分同样经历了此前的"一战"、联盟的分分合合与帝国间的剑拔弩张。事实上，1933年的人口中有近四分之一的人都经历过俾斯麦担任总理的时期。历史时期并非断裂的，而是连续的，相当程度上，历史中的人亦是如此。如果我们明白了这一点，便不会将历史想象为一系列静态的时期，而是持续的变迁。

不妨这么想,当我们阅读《傲慢与偏见》时,总认为伊丽莎白与达西生活在一个庄严而一成不变的乡村世界中。这个世界属于马车与财富、英俊的军官与急切热切的少女,还有达西先生那位于遥远的德比郡彭伯里的庞大产业与更凸显其完美的伦敦的四季。当然,简·奥斯汀只说了他们走到一起并迈入婚姻的故事,她没能活到可以写下他们婚后生活的时代,不过我们却可以——到达西夫妇接近六旬时,铁路将蜿蜒穿过彭伯里;他们的房客将接到电报,让他们速赴伦敦;邻近的产业将被一个印度富翁买走,用来放置他带回的梵文著作;本地中产开始阅读盖斯凯尔夫人(Elizabeth Gaskell)犀利的社会批判小说;而彭伯里图书馆里那些庄严地摆着一排排皮革装订的经典著作的架子,也将填满五花八门的材质装订的图书,这些书不再靠大小规格和漂亮的装帧排列,而是新颖地按照各种各样的主题分门别类。这就是《傲慢与偏见》里的男女主角在持续而无情地变化着的世界中的未来。

但愿我已使你相信,并不存在一场突如其来的知识革命,具体点说,在我们与多元的人和物的接触中,在我们的沟通模式中,在我们专业化的知识模式中,并不存在这样一场革命。当下的革命不过是一场由来已久的渐进转型进程中的最新进展。那么,思考知识的未来便不再是强调过去几年甚至几十年的变化,而是要理解人类不断变化着的象征生活中正发生着更大的流变。

我最终要这么说：我们确实正处于潜在的转折点之上。不过这一潜在的转折点的浮现并非因为某种特定的技术或划时代的社会、文化变化。相反，它在一瞬间浮现于这些更大的不同流变开始交汇之处。这些交汇有的带来了剧变，事后观之，似乎成了重要的转折点；有的却悄无声息地溜走。正如我在别处曾说过的那样，世界的剧变不仅需要社会结构这把锁的弹子被顶成一排，而且还要有人放入钥匙并转动它。我认为，这种转动或许会在当下发生，而由于我并不喜欢其后果，我希望防止有人转动锁中的钥匙。

二、长期的流变是什么？

让我们转向那些长期的流变。在我看来，正是它们产生了当下不寻常的交汇。而要讨论它们，就必须从最新的工具与指标之中脱身，问问我们自己，到底什么才是那些持续了五十、上百年的，关于知识的更加广泛的变化？

我想借四个基本要点来概括这些变化，它们分别是求知（knowing）的主体、求知的客体、求知的行动与求知的结果——主体、客体、行动、结果。在英语中，这些可以很简单地表现为动词"知道"（know）的四种变形：知者（the knower）、已知（the known）、求知（knowing）与知识（knowledge）。我使用英语动名词"知道"作为我的核心理论术语很重要。对我来说，行动比主体或结果更重要。具体说来，求知比知识本身更重要。由此，我演讲的主题实际上是求知的未来，而非知识的未来。我要说，不过是因为那些最近的变化——我即将谈到它们——我们才会认为知识的未来与求知的未来一样重要。

我要把求知的四个方面（主体、客体、行动和结果）从它们康德式的秩序中略微抽离出来，因为我将从知识的客体而非主体开始，然后到结果，最后到行动本身。除了希望以求知的行动作结之外，我并没有解释这一顺序的有效理论，相当程度上，这一顺序是为了避免某些特定的重复，这种愿望决定了它，因此它也就和我的实用主义立场有些关系——不过对于那些熟悉柯尼斯堡的圣人的方法的人来说，这或许有些奇怪。同样需要注意的是，对我来说，确认这些变化带来了什么并不重要，重要的是确认何处才是施以影响的最佳位置，让我们能够带着敬意介入对真正卓越的求知方式的保护。因为，在大多数这种情况下，潜在变迁的主要"原因"并非单一的，而是许多事物的交汇，寻求一个终极原因并没有什么意义。我们的目标是行动。

A. 求知的客体

让我从求知的客体，也就是"已知"（the known）开始。

第六章 知识的未来

在我看来，这里主要有两个长期变化。

第一是求知的主要内容从自然世界转向社会世界。当然，人口普查与税务登记由来已久，但真正有效的人口普查与税收系统却是19和20世纪的产物。或许更重要的是，自19世纪起，经济领域的大肆扩张正是基于金融信息与记录处理的同等扩张，而福利国家的扩张也要求同等规模的对于受益者与潜在受益者的具体而微的了解。20世纪下半叶，消费信贷扩张，消费体系也逐步转向奠基于持续地收集资金往来信息的无现金系统。尽管这些数据中的大部分都是被动收集的，但当20世纪后半叶，计算机存储器和算法手段能够处理这些数据时，我们所拥有的关于人类的信息显著地超过了任何关于存在着的非人类系统的信息。某种意义上，我们现在最了解的就是我们自身。

第二个巨变正源于此。知识过载的水平一直在稳步上升。第一个例子是，我们可以即时访问到更多东西。在简单的内容方面，"已知"较原来更为庞大。某种程度上，这就成了一个求知的手段变化的问题：储存、记录，等等等等。伴随着大型图书馆、霍勒瑞斯穿孔卡、微缩胶卷和半导体存储器的出现，在过去200年里，这种增长漫长而持续。而过载也如影随形，毕竟仅文艺复兴时期伟大的人文主义者亨利·皮耶雷斯（Henri Pieresc）的收藏就包含了十万封书信。或许人类的知识系统总是导致大致相同的过载水平。尽管如此，相对过载的扩张速度似乎正逐渐增加。这么说或许更合适：我们并没有增加对某些特定知识对象的细节的了解，而是逐渐将那些对象分解为更新的、更小的对象。这一变化与过载关系并不是很大，它更关乎那些越发具体而微的已知事物的数量级。

因此，在我看来，知识客体的巨变有二：其一是我们对自己和社会生活倍加关注，其二是信息的相对过载与知识客体的不断分解携手前行。

B. 求知的主体

求知客体的变化被求知者（也即求知主体）的变化所补充。这里一共有三个大的变化。

我把第一个变化称为社会化求知者的兴起。19世纪的典型知识模式是手工艺式的。当然，地方、区域、国家各层级都有知识团体，根据组织水平，它们通常每月或每年一聚，鲜有能够宛如"周六俱乐部"每周一聚的。即便最发达的国家中也少有集体性的知识机构——少数几个巨型图书馆，几个主要的博物馆，一些研究型医院，或许还有半打雇了长期工作人员的非大学的研究机构。在德国，19世纪的大学里有研究机构，当然，别处就没有了。总的来说，只有处于少数几个中心的学者能够与其他学者一起工作，并在面对面的交谈中积极交换意见。绝大多数的学者则独立完成大部分工作，并通过学术出版

第六章 知识的未来

系统中的印刷品（书籍或期刊）分享其工作成果。知识分子的集体生活以印刷为基础，而印刷的相对稀缺性和重要性则意味着学者们需要长期独立工作，产生数百个中间结果，直到达到他们认为适合印刷的那个重要产出。

不过，在20世纪的过程中，典型的求知者变得更加社会化。在某种程度上，这不过是集体性研究机构数量增加的一种反映。大型工业实验室的兴起可追溯到20世纪初，到第二次世界大战前，单一实验室人员可以达到一百多名。美国大学采用了学部制，这使学者得以在日常生活中进行密集而实质的讨论。第二次世界大战开启了"大科学"的时代，成千上万的学者共同致力于大型武器项目。在20世纪中叶，除数学外，协作研究在整个自然科学中成为准则，并且也传播到了社会科学领域。尽管这种传播的部分原因只是美国脱离了研究主管将所有研究的荣誉都归于己身的学院制，转向一种更为民主的，年轻的教授、研究助理甚至研究生都可以分享这份荣誉的系统。同样的事情也发生在电影中。想想50年代电影的人员名录——五到十个演员、制片人和导演——再想想21世纪，主演的发型师的助理与木匠一同出现在了第二组人员名录中。

人文学科与部分社会科学也缓慢而不情不愿地跟上了求知者社会化的进程。20世纪60年代的现代化时期，社会科学中出现了大型合作项目。工作稿和其他形式的"对话式"出版物

[与科学家们的 PNAS（《美国国家科学院院刊》）类似]将基于协作、群体的求知的质量提高了至少半个世纪的水平。但是与应用型研究相比，基础研究长久的声望使手工艺式的偏好在其研究中仍占据着主导地位。人文学科也一样。人文学科中大型合作项目的历史可以偶然地追溯到牛津辞典的众包与上世纪30年代约翰·曼利（John Manly）和伊迪丝·李凯尔特（Edith Rickert）希望开展一个确立乔叟定本的宏大项目。不过直到数字人文时代来临前，真正的合作项目早已无处可去，而数字人文不过是人文工作的科学化过程，在任何传统意义上，它都不像是人文学科的一部分。在绝大多数人文学科中，手工艺式的生产仍占主导地位。

因此，求知者在科学研究中变得更加社会化，在社会科学中变得有些社会化，在人文学科中则只是略微社会化。然而，更重要的或许是，至少在美国，群体思维在学生中越来越占据主导地位。美国强大的教学趋势偏好基于群体的支持性学习环境，而不是个人主义和竞争激烈的学习环境。这似乎是美国学校普遍女性化的一部分——现在很明显，在各个教育水平上，美国女性取得的成就都超过了美国男性。无论其初始目标是什么，学校对社会化求知的压力在学生来看只意味着对图书馆小组学习室的需求，而并非真的理解诸如从他人那里获得答案意味着什么这样的问题。

第六章 知识的未来

总之,在过去的50到100年中,求知者性质的第一个重大变化是逐渐从手工艺模式转向集体生产。这在科学中最引人注目,在社会科学中也有所显现,并且越来越多地出现在课堂上的初学者中。

学生追求基于团队的求知的大部分推动力来源于他们对现代社会中受过高等教育的成员所处的就业群体和协作环境的期望。这是求知者的第二个大变化:作为知识主体的组织的出现。在过去的50年中,专业实践中个体单打独斗的比例急剧下降,专业生活已经由大型的,通常是多专业的组织主导:如医疗中心、建筑和设计公司、会计/咨询公司。律师事务所中仍有纯粹的律师,但专业机构中已出现越来越多的具有二级资格的律师——例如科学家兼职专利律师,会计师兼职税务律师,经济学家兼职通讯律师,等等。应用型的社会研究同样经常有一支由经济学家、医生、护士、社会工作者与社会学家等人组成的广跨学科的团队。这种多学科团队有时也能在纯粹的研究中找到,但值得注意的是,在那种情况下,他们的治理更加民主——一个有数千名研究员的大型物理实验并非由公司结构,而是由监督委员会进行管理。

然而,在大多数这些组织中,可能的知识形式实际上被编码到了组织的分工中,因此组织本身就是知识的主体。医院就是这方面的典型例子,它将治疗干预与个人护理、支持分开,强加给患者一种可怖的，为了几十种不同的原因向几十个不同的专家重复解释自身的经历。此外，在许多情况下，这些跨专业组织声称拥有其工人的知识，这一点从工程师签订的非竞争性条款中可以明显看出，这些条款禁止工程师在拥有"专利知识"的情况下辞职。

如果现代世界的许多知识实际上隐含在包括了惯例、技术和劳动分工在内的知识组织的结构中，那么更多的知识则存在于商品中。这确实是现代求知者中的第三个，或许也是最大的变化：现代求知者往往是物而非人。

像前面提到的许多趋势一样，这个趋势至少持续了两个世纪。听诊器曾经是为医生预留的先进医疗工具，现在则实际由护士来使用它。学生也不用再背记算术表，而是按下计算器上的按钮。工程师不再困扰于计算。积分表可以追溯到19世纪初。加法机和算尺均起源于19世纪90年代。袖珍计算器则在20世纪70年代取代了它们。也许更重要的是专门知识的整体商品化。一个极好的例子是推论统计，从上世纪20年代发现以来，仅仅20年它就从原始证明被编纂成了新手可以直接使用的共识，并在70年代中期被写成了连数学呆瓜都可以用的计算机程序。今天，我们正走在与现代医学类似的商品具形化的道路上，现代医学中的一大部分已被商品具体化了——如果它们还没有取代那些习惯于操控他们的医生的话。

重复一遍，列举或许是无止境的，关键是要强调现代世界中知识商品化的快速性。而所谓的知识商品化便是将一个训练有素的人类思维的活跃过程化简为一个某人并不清楚其正确应用条件或要求的被动的黑盒。在这种情况下，我们不应该把人类用户称为求知者。是机器在求知，而它的结果只有在适当的输入和输出下才是正确的。这也是现代求知者特征长期而稳定的发展趋势。这个求知者不仅更可能是一个群体或组织，而且更可能是一个物，它承担着个人所无法处理的求知的复杂性，而个人则因此无法透彻理解求知的过程。

因此，求知者方面有三个巨大的变化：社会化求知者的兴起，组织作为求知者的崛起，以及作为求知者的物的重要性愈加凸显。

C. 知识

现在我要转向求知活动的结果，也就是"知识"的变化。我想在这里强调一个主要的变化，与其说变的是"已知"的数量，毋宁说是其性质。这一性质的变迁应部分归功于意识形态的变化，不过肯定也是求知模式变化的结果。我接下来将谈到这一点。知识越来越像商品。

这一变化部分确如马克思的"商品化"的字面意思：资本家越来越多地尝试拥有知识，使其成为私有财产。不过其中也有一部分指向我们用"知识"一词去描述我们的社会收集到的大量随机事实,随着我们发展出能够从最不可能的混杂的认知中挤压出模式的算法,那些随机事实已被转化为"信息"。这一变化的另一部分来自教育和测试系统中不断增大的理性化压力,它们迫使知识转入商品形式,因为商品化的知识是最容易检验的,也是对许多人来说最为公平的。

因此,这种向知识-商品的转变仅部分地存在于我们所创造的社会世界中,而主要存在于我们的头脑中——作为一种从资本主义的内在逻辑与自由理性两方面出发的思考世界的方式。知识-商品的存在最为显著的两个场所是商业世界和教育世界。我将依次进行讨论。

在商业世界中,将知识转化为财产的尝试不仅包括特定的物理发明,还包括算法和化学组合。诸如谷歌这样的组织相当有效地将数代学者共同努力甚至可说是共产式的努力下产出的大量知识转化为了可以收取资源租金的私有财产。因为新自由主义的大学管理层推动着学者间的竞争,这种竞争要求他们寻找最快速的方式去访问那些正是由他们自己自由构筑出的知识造物。毫无疑问,如果可以对康德、费希特或里尔克的特定解释施以版权保护,肯定会有人试图这样做。对所有权的迫切追求自然会遭到削弱,这是由于互联网的叛逆及对版权的越发藐视,这将使整个领域转变为一场大规模的著作权与盗窃之间的

第六章 知识的未来

争论,并以对立的意识形态立场而完成。

这种争论已然构成了某种事实,并且源于如下事实:我们的财产概念是以土地为基础的,而任何传统意义上的知识都与土地不同。知识本质上是共同的,就此而言,也不可避免地是社会性的,尽管它最强烈地表达为我们传统上称为"思想"(thought)的那种过程,而这一过程发生在一个人的大脑中。即便大脑中完全充斥着来自社会的思想、事实、论点与推理路线,但它仍将这些东西重新组合、改变(乃至误解),将那些或愚蠢或天才的结果返回到社会交往之中。在任何意义上,这个过程中都没有类似于土地的东西,这就是为什么知识产权法本质上是个矛盾。但是,资本家错误地相信思想可以被拥有,而他们正是知识商品化的核心力量。

让我接着进入知识商品化现象的另一个主要生产者——教育系统。教育商品化有着悠久的历史。牛津大学的导师制源于雇用填鸭式教师的实践(the practice of hiring crammers),这一实践旨在帮助学生通过19世纪中叶的改革者推行的残酷考试。请放心,那些填鸭式教师教会了考试——不过也仅此而已。尽管此后牛津大学的导师制逐渐远离了商品化进程,但20世纪的考试制度却向其走去。

现代教育测试的历史是众所周知的。它开始于一百多年前,并在过去一个世纪中迅速发展。许多人将这一进程看作从具有强烈文化约束的求知形式的测试转向因更加抽象而更加公平的强调思维的测试的过程。然而在能力测试与成就测试之间存在着持续的尚未解决的张力：前者理应测量个人的一些超越的、非经验化的素质，后者则用于衡量为社会与教育环境带来的正面影响。从社会的角度来看，成就测试是重要的，因为测试的社会功能是将下一代分配到一个被认为是松散属于精英的大规模的复杂分工系统中。而这一事实始终要求测试去衡量特定的知识点。正如我们所知，与推理能力测试相比，商品化内容的测试始终相对容易、可复制且具有潜在公平性，因此对向商品化内容的偏移几乎是不可避免的。测试中固有的压力已与教科书相结合，至少在最近40年，教科书一直由具有纯粹商品组织的营销公司所设计。因此，教育中的商品化具有悠久而有力的历史。

考试的非同寻常的重要性迫使学生顺应这种趋势，结果便是，即使是像我们这样庞大的国家中最优秀的学生，也带着这样一种信念进入了大学，即认为他们将在那里学到的东西就是内容本身。当我在他们的第一堂课中要求他们写一篇以"我需要在大学里学到什么"为主题的文章时，只有少数人告诉我他们无法想象他们需要学习什么，可教育恰恰意味着获取学习之前无法想象的模式与复杂性。大多数学生给我一长串特定主题和内容，基本上是在重复课程中的主题列表。当我告诉学生，

第六章 知识的未来

我们阅读亚当·斯密、卡尔·马克思和埃米尔·涂尔干并不是为了知道他们说了什么,而是为了"尝试"着理解他们所说将教会我们如何阅读和思考时,学生们震惊极了。

因此,朝向知识商品化的偏移已在经济系统、教育系统,更逐渐在学生之中扎下深根。这种偏移的最危险之处在于它可以自证其质量。在某些特定的时间点,我们拥有生产知识的技术。我们了解它们生产的是什么,我们有标准来定义生产的质量,我们可能还会觉得自己正在优化这一生产,这对我们来说就是知识。现在假设有人发明了一种技术,这种技术可以使生产过程中的大部分环节自动化,并生产一些在旧的标准看来可能有八九成"好"的东西。这项新技术将以其产品淹没世界,人们会开始相信,这一技术生产的一切都是知识。换言之,新产品将成为知识的范例,而且没有其他的或更老的尺度能够说明,这个新产品实际上并不如我们曾拥有的东西那么好。知识 – 商品的概念正具有这种自我验证的品质。

一个常见的例子是现成的统计软件包。在20世纪五六十年代,你真的需要认真地学习概率论以进行任何类型的统计分析。你了解统计中涉及的假设,你会立刻注意到荒谬的统计结果。你会亲手发现,搞错事情是那么简单,比如用异常值驱动你的分析,抑或是不恰当地在Ⅰ类和Ⅱ类统计之间进行权衡,等等。广泛运用的统计软件包的到来意味着那些对上述事情无甚了解的人也将经常进行统计分析。他们产出了质量低得多的统计结果，因为他们对这些方法背后的假设知之甚少或根本一无所知，然后当这些假设未被满足时，他们也并不知道发生了什么。为了结果的可靠，统计学家会进行"稳健性"测试，以保护他们免受其愚蠢行为的影响，不过自然，新手也继续滥用着这些测试。他们中的大多数人都不知道，即便不存在实质意义，统计结果也可以是显著的，在大数据时代，这已经成为了一个灾难性的问题。

最重要的是，所有这些半吊子统计学实践者（Folk practioners）已经生产了许多结果，跑了数百个模型，以至于由奈曼（Jerzy Neyman）等人发展出的统计显著性的原本含义已经完全无关紧要了。可是新的生产过程淹没了老一代人，他们清楚那些工作中的大部分毫无意义，并且其实际的可靠性——更别说有效性——远不及类似方法在20多年前细心的专家们手中所能达到的水平。然而整个社会科学中对知识的新定义实际上已变成了"根据这种新模式所生产出的所有东西"。

这是真的，不过也只有假定关键在于生产知识商品——文章、书籍、工作稿，所有那些新自由主义的管理者计算并且在他们色盲般的眼中构成了"卓越的知识"的东西——这才是真的。事实上，大多数新的"知识"都是垃圾。事实上，在我自己，同时也在许多人看来，世界上最好的社会学期刊上发表的大多数结果,可能都毫无意义。以真正的知识标准而非新自由主义管理者在文章数量上的标准来看,绝大多数这种新的"知识"都是垃圾。但我们仍称之为知识,并宣称"社会学知识的发展比以往任何时候都快"。

当然,这份虚假已是公开的秘密。我的同事们也和我一样想,可我们都被迫加入这场舞蹈,结果是无关紧要的且带有错谬的著作在大量增加,而非知识的进步。在先验的知识理想方面,至少在社会科学中,真正的知识并未前进得比过去几十年快上多少。在一些技术领域,进步确实很快。药物发现就是其中之一。不过这也并不奇怪,因为这一领域的投资金额已接近第二次世界大战中在武器研究上的投入。但基础生物学并未按照革命般的速度前进,我们仍在研究现代综合进化论与DNA发现的细节和意义。我们确实有了更多的商品,但却未必有更多的知识。

对我来说,知识不是商品,而是最好的认知形式所产生的一切。让我转向求知形式的变化。

D. 求知行动的变化

在讲述商品化的统计学时,我已经深入到了求知的话题内部。因为正是统计学的商品化容许了一种统计学式的"求知"方式,而这在40年前根本没有被看作"求知"。不过对我来说,由于我每年日常教学的一部分就是给一个 19 人的新入学班级讲授"社会思想导引",所以求知方面的变化最清晰地体现在这群十八九岁的学生之中。

在大多数情况下,这些学生认为学习某个东西就是知道一个链接。这就是说,他们的主要知识模式是"发现",因为他们在互联网上"发现"的时间比他们在学校的时间长得多,并且事实上,他们早在能够阅读之前就开始"发现"了。例如他们认为阅读就是"发现",去发现亚当·斯密的著作中真正重要的五六个句子,因此他们可以忽略其余的部分,并径直将之当作无关紧要的琐碎细节,而不是使论证得以具有说服力与价值的议论与证据。如果你要他们别在阅读的时候画线,他们就会毫无希望地陷入迷茫。对他们来说,阅读就像上网一样:主要是种过滤掉无关紧要的东西并找到重要内容的练习。这就是他们画线的原因。

这种"以发现为求知"的模式自然与知识由可发现的商品构成的意识有关。并且往往,由于他们的"寻找"模式可追溯至童年早期,他们想象的寻找对象就是事实、内容及离散的信息。事实上,他们认为求知可以被定义为寻找信息,而大学只是让他们更精于此道。他们坚信,像博尔赫斯的巴别图书馆一样,互联网涵括了一切:对《傲慢与偏见》的正确解读,对卡尔·马克思的极简概括,重要有机制品的终极清单,诸如

第六章　知识的未来

此类,不一而足。还要记住,我任教于世界上最好的大学之一,我的学生是全美国,甚至逐渐可以说是全世界最好的学生。我不是在谈论那些愚蠢的学生。

请注意,恰如我至今为止所说,这些学生所谓的"求知"概念中根本没有包含真正的论证的意识。如果你问他们亚当·斯密的论证,他们会给你一个清单,实际上就是一排要点,因为他们在生活里已经看了太多幻灯片。这些要点中的所有东西都是亚当·斯密说过的,甚至可能是其所说的关键所在。但是它们之间并没有逻辑联系,因为事实上,学生们并不认为论证是一种复杂的逻辑句法,而是视之为一列清单。

"以发现为求知"与"以列表为论证"的观念是一种更大的模式的一部分。这一模式即是,我们的孩子带着一种强烈的算法化的求知认识长大。这并不是因为他们真正理解了梅特罗波利斯算法[3]或豪斯霍尔德变换[4]中固有的巨大力量,而是

---

[3] 梅特罗波利斯—黑斯廷斯算法(英语:Metropolis-Hastings algorithm)是统计学与统计物理中的一种马尔科夫蒙特卡洛(MCMC)方法,用于在难以直接采样时从某一概率分布中抽取随机样本序列。得到的序列可用于估计该概率分布或计算积分(如期望值)等。

[4] 豪斯霍尔德变换(Householder transformation)或译"豪斯霍德转换",又称初等反射(Elementary reflection)。这一变换将一个向量变换为由一个超平面反射的镜像,是一种线性变换。其变换矩阵被称作豪斯霍尔德矩阵,在一般内积空间中的类比被称作豪斯霍尔德算子。

因为，举个例子，他们与计算器而非乘法表一起长大。

但是这种算法化的求知模型意味着他们没有关联性的求知模型，因为想要有效地进行关联性求知，你的脑子里必须充满各种知识——事实、概念、记忆、论证，它们的功能就像许多小钩子一样，抓住从你面前经过的材料中的东西。可是靠着他们算法化的知识观念，我们的学生实际上并不认为他们的脑子里需要充满这些小的关联性的钩子。他们不愿意背记东西，把大部分闲暇时间用来在网上徘徊，并用转瞬即逝的消费者信息填补他们的思想。他们迅速擦除了这些记忆并为此感到自豪，正是这使得他们活在当下。因此，他们实际上并没有准备好运作关联性的心智，协作从未成为他们思想的中心。

这就是我们新生眼中的求知：关乎寻找事物和制作列表，关乎运行算法而无须任何长期记忆堆砌。现在让我谈谈我们今日发现的其他求知方面的趋势。

显然，这些趋势中的第一个已经出现了：知识的显著增加不是由我们，而是由机器完成的。现代计算方法具有真正巨大的力量，其理论基础相当古早，可以追溯到上世纪40年代，彼时梅特罗波利斯算法和蒙特卡洛方法刚被构思出来。但是我们现在已有机器在以难以想象的庞大规模应用着这些方法，其中有两种应用似乎特别突出：第一种就是蒙特卡洛革命，即能够完成在规模和细节方面都令人震惊的模拟；第二种则是在极

第六章 知识的未来

其嘈杂或稀疏的空间中搜索微弱信号的能力——正是这种计算机技能创造了诸如制药革命、个性化广告、基于视频与文本的恐怖分子检索,更不必说现代世界中任何形式的隐私的终结。

然而计算机并不擅长想象。它们在国际象棋中的实力完全来源于用蛮力对可能性进行评估,具有无限组合且由想象力驱动的游戏围棋至今仍躲避着它们即可为证。计算机也难以像典型的人类思维那样处理关联性知识,而且在思考时也并不调用情绪,这可能是个致命缺陷,因为传统的人类求知与情绪和其他身体功能、活动密不可分。

但是,计算机在生产高度规则的商品化的"知识"方面所取得的成功往往将我们的"求知"概念推向了计算机最擅长的基于概率的模拟和基于严格的规则并在关键区域辅以随机化的搜索。因此,许多人文主义者都期待着"数字人文"的丰功伟业。然而,早在40余年前,柏拉图作品的撰写顺序便已被计算机方法解码,60余年前,托马斯·阿奎那的作品就已有关键词索引,可这些"发现"并未对柏拉图和阿奎那的学术和反思产生丝毫影响,因为使用数字方法可以发现的那类东西并不是人文学科的真正兴趣所在。我们不关心柏拉图撰写对话的顺序。我们关心它们的意思。电脑可不会告诉我们这个。

提到数字人文学科就让我想起了求知方面的第二次重大改变,它仍与许多别的东西有关。那种观念认为基本上只有一种求知的模式，这种模式或多或少与现代科学有关，不过并不是今天实践中的那种科学，而是20世纪20、30年代的一些作品中近乎死板地对科学思维的滑稽模仿——如布里奇曼的操作主义[5]，维也纳学派的逻辑实证主义，以及莫里斯·科恩（Morris Cohen）和欧内斯特·内格尔（Ernest Nagel）的美式实用主义。现代社会在科学方面压倒性的投资和计算机化求知的主导地位对求知的方式产生了巨大的影响。一个极好的例证是，经济学学科从对人类生产、消费和交换之本质的深刻且相当具有普遍性的反思，转变成了相当狭隘的社会工程式的对一种非常特殊的"经济"的痴迷——不仅如此，它还将这些规律当作科学真理般，每年传授给数以千万计的毫无抵御能力的学生。

许多此类"万金油"式的改革都源于被福利国家用评估成败的统计任务占据了的社会科学，而这又将社会科学自身推向了狭隘的操作主义。同样重要的还有人文学科的自杀，至少在美国，人文学科已经从对人类文化本质进行宽泛的、多少有些学术化的追问，大规模地堕落成了一种善意却往往愚蠢的群体政治的支持者，而这种简化思维早在几十年前就被社会科学

---

[5] 操作主义于20世纪20年代产生于美国，由美国实验物理学家布里奇曼（Percy Williams Bridgman）创建，是主张以操作定义科学概念的一种学说，该学说认为：科学概念与相应的操作同义，凡是不能与操作相联系，不能由操作定义的概念，都是没意义的。

第六章 知识的未来

所否定了。换句话说,人文科学和人文社会科学并未能捍卫其传统使命,且在许多方面与现代知识的"万金油"运动保有合作。

这一屈服的最终象征是谷歌成为一个主流学术站点。实际上,谷歌项目与互联网颇有渊源。20世纪20年代,世界图书馆的领导者们已经构想出一个具有主索引的万能图书馆的概念。整个20世纪,美国的学者们都决定性地拒绝了这一概念,并追求一种我们如今看到的从贝叶斯理论发展而来的部分的、高度特殊化的索引。相较于图书馆管理员与谷歌的那种"小白"索引(indexes from nowhere)[6],这种索引更加实用也更加现代。关键词索引也是一样,它在19世纪70年代成为一种通用的学术工具,并且如我在几年前一篇文章中所说的那样,绝没有对学术造成任何重要的影响。一个"万金油"式的求知模型的回归意味着一种愚蠢的项目的回归,这种项目要将所有知识商品倾注到垃圾箱中,并为用户提供基于词语而非概念的虚弱的索引。相比20世纪强大的索引,这已退了一大步,学术生产质量的下降彰显了其恶果。

最后,也许求知方面最重要的变化是,推演的、基于印刷

---

[6] 此处 from nowhere 应该是强调原来用的那种贝叶斯文本分类的索引是有个优先级和文本聚类的区别,现在的谷歌索引则是不基于这个理论的,纯粹的大而全的白痴索引——显然这是种偏见。

的求知现象性的衰落。推动这一点有两个基本因素，它们都曾在我的演讲中出现。第一个是向群体性求知主体的转变，这类主体以口头的或对话的求知为模型。我们的学生花了大量的，可以说是巨量的时间在谈话上，他们真的很难坐下来看书。尽管有必要不过分强调阅读在过去的地位，但事实上，在19世纪，甚至大多数娱乐都源于阅读。可是今天，即使是在严肃的学者中，博客本质上也就是走廊对话。我自己经常在走廊聊天，但我不会将它与严肃的发问相混淆。然而，我的许多年轻同事都花了很多时间将他们的走廊唠叨广而告之。他们自己的作品必然具有相似的品质。

相较口头化，向可视化求知的转变重要得多，毕竟前者还是作为内在对话的思考的基础。这也是一个长期的变化。19世纪的印刷形式从不带插图的精英评论到中产阶级的带有多张插图的三卷本再到廉价小说与带图的新闻杂志，插图变得越来越重要。然而20世纪，电影出现了。一个人只有在看了一部19世纪主流小说改编的20世纪优秀电影后，才能意识到艺术形式的力量的衰落。电影具有许许多多的并且精妙绝伦的美德，但它们主要是视觉的，而非理论的。相比起与《安娜·卡列尼娜》中的细节共同生活数周，在几个小时内看完这个故事的轻松体验中，19世纪小说中的道德判断、个人冲突和社会结构的复杂性消失了。

第六章 知识的未来

自然,电影之后紧跟着电视与互联网。毫无疑问,这些都是杰出而非凡的沟通形式,并且提供了某种前所未有的即时性。但是,抛开爱德华·图夫特(Edward Tufte)[7]的宣言,视觉呈现无法有效地表达高度复杂的思想,相比起试图不借助文字传达哈姆雷特所面临的道德模糊性,我们更不愿意用纯粹视觉的命题去证明罗尔定理。

然后让我总结一下我认为的在求知方面正发生的重大变化。在我们的孩子和学生身上,我们看到朝向"发现作为求知"与"算法操作作为求知"的剧烈转变,他们远离了作为联想的与作为推演论证的求知。更广泛地说,最为显著的变化有:其一,朝向基于计算机的求知及其所擅长的搜索与模拟的转变,伴随着对算法的强调;其二,朝向曾在半个多世纪前被决定性的拒绝的,基于科学的"万金油式"的求知模型的转变;其三,朝向一种"索引-搜索"的求知模型的变化,其中包含着更多的材料与相比此前更弱的索引;其四,也是最后一个,复杂、离散的思想,那些只能通过字斟句酌的文本或符号(比如,数学)表现形式来分享的思想,转向了即时的口头与视觉表达。

---

[7] 数据可视化专家,地位颇高。《纽约时报》称之为"数据领域的达·芬奇",彭博社称之为"图像领域的伽利略"。

三、采取行动

所以我从告诉你们我们并未处于革命中开始。但是对求知的客体、主体、结果与行动的变化的重复清楚地指出一个具有巨大变革潜力的时刻。我想我们已经到了这个时刻,因为许多趋势已经结合在一起,而非任何单一的东西——即便是电脑——在推动着变革。可视化是对抗复杂思想的一种陈旧和持续的压力,以可找到的文本摘要来代替人们必需的阅读也已有几世纪的历史。似乎更成问题的是人文学科与社会科学向科学模型的屈服,是我的同事们去随口发表那些他们自己也并不真正明白的基于计算机的研究时所搭乘的航班,也是对"卓越"的有害追求所诱发的诸多学术求知上的变化——而所谓的"卓越"则不过是商业成功半隐藏的化身外加点别的什么。如果加以充分利用,求知的新工具及搜索与模拟全新的简便性本可产出灿烂的果实。然而事实并非如此。

我认为,许多问题都与我们失去了良好使用的标准有关。在自然科学中,自启蒙时代起一直存在着一种累积的观念。但这不再是真的。科学世界现在主要由对武器的追求所驱动,一方面是为了夺人性命,另一方面是为了防止衰老,再者则是为了创收厚利。这些都不关乎知识自身,至少在我的大学,的确不难承认,这儿只留下了相对少的真正的基础科学。但是,如

第六章　知识的未来

果实际驱动科学的主要力量是技术，那么它已经腐坏了，实际上也不会再累积。

在社会科学和人文学科中，情况有所不同。在我看来，危机更多是我们自找的。各种各样的力量使我们忽视了人文学科和社会科学的核心。福利国家的评估任务带着社会科学远离了他们自己的任务：理解所有的社会。学术界——特别是在美国——作为社会民主的最后堡垒之一，也将人文学科和社会科学带到了一些它们必须探讨和表达的价值观中。最重要的是，在教授那些本被视为理所当然的事情时，每一代教师都会不可避免地遭遇失败，而在求知模式发生着多种变化的时代，这已被证明是危险重重。在一位具有明确学术规划与多年经验来判断信源质量的老练的研究者手中，互联网将绽放光芒。相比之下，对一个大学本科正试图撰写第一篇学术论文的初学者来说，它无异于一场灾难。但我们并未教授那些关乎思考的艰巨任务，部分靠着教导，部分靠着浸润，我们学会了它们，但长久的熟悉却使我们已完全将之视为理所当然。

这就是我认为我们必须要做的事情。这意味着，首先要去考虑那些艰巨的任务：仔细阅读，记忆使联想性知识成为可能的事实，组织我们的思维，想象谜题和替代性的解释，在思考的任务中关注大量细节。我们必须向他们传授这一切。这不可避免地意味着学徒式的教育与密切的监督。这意味着挑战我们的学生并将他们推向最高。

但这也意味着重新认识知识的理想,特别是在人文学科和社会科学中。这是因为我们忽视了那些谷歌无法回复的理想。在别处,谷歌说知识很快就会自动化。如果我们所指的"知识"是我们正在教研究生新生去撰写的那些文章,那这确是事实。当然,现在我们知道了,我们教他们的只是专业与技术,就像禅师教授心印和其他练习那样。我们知道,真正的知识是超越这些技术的东西。然而,当计算机科学家问这是什么东西时,我们无法回答。这是因为大多数社会科学和所有人文学科都并非累积而成,我们不能简单地回答说我们的知识是渐进的。正确的答案在于对这一问题的理论化,即求知过程中的任务和学科怎样使我们能够重申和重组那些作为我们学科基础的基本人类真理与问题。

我在别处写过关于这种知识的全新理想。我没有时间在这里讨论它们。但是我要告诉你们的是,面对知识的主体和客体,面对知识的行动与结果之上如此多的变化,这正是深刻反思与果断行动的时候。否则,我们许多人曾献出生命的那种求知方式,将在未来30或40年内消失殆尽。

第七章 瞿同祖论法律的理论与实践*

中国社会学界自20世纪30年代开端以来,先后经历了战争、革命和复苏,并在20世纪末演变成一个有活力的传统。但是"文化大革命"不可避免地成为这段历史的标志。在中国,关于学术之实用和学术脱离科学之可能的政治辩论并不像西方大都市里那样小题大做——在茶壶里刮起狂风暴雨。在中国,这种暴风雨有实质的后果。不少中国社会学的领军人物亦因而早在60年代就隐去了,只有少数人得以留下,并在80年代之后进行社会学研究。

尽管如此,传统中国社会学的读者仍然有着不同的选择。费孝通所编著的民族志和乡村研究在西方广受传阅。其同事史国衡以战时一所工厂作为对象,以人群关系学派民族志写成的《昆厂劳工》亦受到同样的待遇。然而,两人的写作带有浓

---

* 本文发表于 *American Journal of Sociology*, vol.116, No.3(November 2010), pp.1046–1052,陈嘉涛译。评论了瞿同祖的两部著作,分别是《中国法律与中国社会》(*Law and Society in Traditional China*)和《清代地方政府》(*Local Government in China under the Ch'ing*)。

郁的西方气质，与历史社会学家瞿同祖的经典形成鲜明对比。后者费尽心力写成的《中国法律与中国社会》结构严谨，阐述法律如何管治传统中国社会结构的中心点。此书以中文出版，后被作者扩充并在50年代翻译成英文。瞿同祖的另一部作品《清代地方政府》则紧接着前作，集中分析了清代政府将法律投入实践的运作肌理。

瞿同祖的研究深深地植根于中国文化的源头。可以肯定的是，他会偶尔表示对西方学术的赞同。他在哥伦比亚大学的同事莫顿（Merton）和麦西弗尔（MacIver）亦会在《清代地方政府》的注脚中客串出现（pp.340 n.3，327 n.87），而后者亦曾联同克鲁伯（Kroeber）和利普塞特（Lipset）在《中国法律与中国社会》出版前，对其中一部分章节进行评论。但事实上，瞿的研究课题从当时的西方学界并不能获益太多，韦伯（Weber）关于中国的原始资料包括一些重点编年史的翻译（如司马迁的《史记》和乾隆帝下令修缮的《御撰资治通鉴纲目三编》）、一些松散的古籍，以及19世纪末出版的《京报》，然而这些都是常规了，定期被翻译成西方各种语言的热门文献。相反，《中国法律与中国社会》则列出了百余种中文的资料（当中也包含了一些日语和不少西方语言的数据），囊括法律条文、类书、朝代历史、审判记录以及行政数据。《清代地方政府》同样使用了大量的一手文献，所以即使有人批判此书缺乏满语材料，

第七章 瞿同祖论法律的理论与实践

但绝对不缺乏汉语材料。因此,在西方学术的熏陶下,瞿同祖更愿意抽象化和理论化地做学术,但同时其研究的中华文化核心显然未被侵蚀掉,这完全跟瞿同祖的家族书香世代的士人背景有关。因此,了解瞿同祖的家族是了解瞿同祖的起点。

瞿同祖的祖父瞿鸿机是晚清主要的政治家和知识分子,他生于1850年,在同治十年考中进士,并开始在翰林院任职,这里是朝廷的秘书处,并负责举办选拔传统中国政治官员的科举考试。及后,瞿鸿机先后担任过河南和四川的乡试考官,但为了逃避义和团暴乱,便回到西安朝廷。他慢慢成为由保守学者组成的"清流派"的一员,并主张推行严格的儒家思想,反对权力膨胀而事事过问的政治家以及早期的军阀,如李鸿章和袁世凯等人。瞿鸿机的仕途平步青云,这有赖慈禧太后在背后的扶植,他最后成为外务部尚书。(瞿鸿机如大部分的高级大臣一般,身兼多职:政务处大臣,津芦铁路督办,会办矿务铁路总局大臣,以及最重要的会办财政大臣。)然而,瞿鸿机作为军机处大臣的身份使其无可避免地卷入与袁世凯的正面冲突。袁世凯见微知著,配合庆密亲王奕劻,在慈禧太后面前诬蔑瞿鸿机与提倡变法的康有为私下接触。1907年,瞿鸿机被罢官,回归故乡湖南,之后又辗转到上海,在这里负责教育他的孙儿瞿同祖。

瞿鸿机曾先后有过两名妻子,第二任妻子是一名布政使司的女儿，写得一手好书法，她的两个儿子亦继承了这项优点。瞿宣治（瞿同祖之父）于京师大学堂毕业后，任职于内阁。及后辛亥革命爆发，瞿宣治将父母安置妥当后便随使外地，最后在1923年病故于欧洲。其弟瞿兑之（瞿同祖之叔）则毕业于复旦大学，曾担任北洋政府（即军阀时代日渐衰弱的中央政府）的国务秘书，后成为一位著名的历史学家。除此之外，瞿兑之之妻是曾国藩这位大概在19世纪最有权力的中国人的孙女。

生于1910年的瞿同祖正是成长于一个如此精英的家族之中，纵使这个家族不再在政治上显赫，亦在辛亥革命后失去了财富。祖父仍在世时，瞿同祖在祖父母的悉心教导下熟读中国的文化经典。在其父远赴欧洲期间，则由叔叔瞿兑之负责照顾。学校教育完成后，他在燕京大学吴文藻的指导下接受社会学训练，并结识了费孝通和另外两名同学。吴文藻顺势将瞿同祖在古典文献上的长处导向了社会史研究，而瞿同祖亦顺利地在1937年完成并出版了他关于中国封建社会的硕士论文。两年后，因燕京大学招生过多，瞿同祖便跟随吴文藻来到了云南，开展关于法律和社会的研究工作，这项研究的成果在1947年完笔并以汉语出版，1967年翻译成英文再版。1945年，瞿同祖受魏复古所邀，来到了哥伦比亚大学，并在此开始研究汉族的社会结构，研究成果则在1972年才第一次出版。1955年，瞿同祖转移至哈佛大学的东亚中心，而其最著名的《清代

第七章 瞿同祖论法律的理论与实践

地方政府》正是在此完成的。经历在英属哥伦比亚大学三年（1962—1965）的短暂旅居后，瞿同祖重返其时正值"文化大革命"的中国。70年代期间，瞿同祖遍寻教席不果，最后回到湖南故乡，并在湖南文史馆工作。1978年，他获聘至中国社会科学院近代史研究所继续其研究工作，直至百年归老。

《中国法律与中国社会》和《清代地方政府》两部相辅相成的经典正是源于瞿同祖不凡的家族历史和其本人的辛勤耕耘。前者向读者呈现了传统中国的法律系统，后者则描绘了实践既有法律的地方行政官。前者不只是纯粹抽象地将清代法律展示出来，更配以真实案例和法理倾向作为佐证。后者不仅向读者提供了形成所引案例的社会框架，比如推事（magistrates）能拥有自己的信差、文员、贴身仆人和私人秘书，朝廷有着精细而紧密的监督和管制系统审视着推事的工作，以及乡绅对人际和权力网络的掌握。但此书也指出了无尽的腐败（有些甚至已被合法化）对于推动地区的法律正义和政府，以及在这背后一直牵动着政府运转的环环相扣并且看似不合理的种种动机却是必要的。两本书给读者留下非常深刻的印象，因为它们尤其向西方读者揭示了，比如中国社会当中理性与非理性的不断交缠走向了极端的状况，这是在中国这个特殊例子未被公之于世前，西方社会无法理解的情景，即一个在基本组织上已经有别于西欧和伊斯兰世界的社会系统，作为两者以外的一个重要的他者（Other）。

在这种社会系统中，有几方面早已显而易见。首先是体制共享的记忆和记录所具备的举足轻重的分量。《中国法律与中国社会》和《清代地方政府》各自援引了约400项汉语资料，当中大部分逾百年历史，有些更能追溯至千年以前。从史料中，读者能得知梁朝（502—557）王僧辩年居40时仍受母亲责打（《中国法律与中国社会》，第21页）；公元167年，有一位孝顺的女儿主动要求进宫为奴，以免父亲受宫刑之苦（《中国法律与中国社会》，第74页）；唐宋年间，一个仆人或是他的妻子打了一名自由民，受罚时会比打一个跟自己同级别的人重一个等级（《中国法律与中国社会》，第186页）；在18世纪末的苏州，只有翰林院官员及其家人才能用写有翰林院标识的纸扇布置婚宴，虽然寻常百姓以同样办法布置是被禁止的，这亦无碍他们以同样的办法进行庆祝（《中国法律与中国社会》，第163页）；1764年间，意外错手弑父或弑母的刑罚是实施绞刑（《中国法律与中国社会》，第48页）。史料之丰富确实使人惊叹。除了罗列出古代中国社会的法规外，更附有各朝代不同官员的备忘录，其中记录了如何避开、忽视、申诉甚至修改这些法规。

这是一个通过文字将自己记录下来的社会，有别于依赖口述历史的社会，比如肯尼亚的基库尤人，这种对比是震撼的。

第七章　瞿同祖论法律的理论与实践

我们应当如何考虑信史的重量?这是需要逃避的负担,还是值得珍惜的资源?中国人经历过历史上的焚书,而被焚之书的"重修本"会将当朝皇帝不想记起的东西仔细地略去。但与此同时,瞿同祖的著作却承袭了祖父和叔父的传统,传达出一种对传统几近渴求的感觉,这就像是说,任何事实被遗漏都会造成无法修补的损失。

其次是传统中国社会对于规则的强烈屈从,一定意义上来说,这是方法论的产物。瞿同祖提出的很多依据都是透过推论,而非源于某些法律条文和案例。因此,他推测事物——如性别关系——依据的是支配着这些社会关系的法律和反映这些法律背后意义及功效的指标两者间的对照(triangulating)。比如说,新法例的紧急推行暗示了旧法例的无能。更重要的是瞿同祖从社会关系如家族、姻亲、地位或奴仆制对于某些犯罪量刑的干涉中,推衍出当时的社会结构。这是因为关于特定罪行的惩罚依据社会关系呈现出了系统性的变化,瞿同祖才能够对这些关系本身进行探究,而直接以社会关系为内容的史料文献是很少的。

以规则为主导的社会关系并不仅仅是方法论的产物,这也是一个社会事实。《中国法律与中国社会》的读者会因书中对刑罚的强调而感到惊讶。如果我们将目光投到波洛克和梅特兰(Pollock and Maitland)的权威著作《爱德华一世以前的英国法律历史》(Cambridge University Press, 1899),会发现刑罚在英国社会扮演的角色根本不显著。由于不同种类的人管有财产和申索赔偿的方法不同,波洛克和梅特兰从此推论出中世纪的社会结构。关于犯罪和刑罚的篇幅仅占了两大卷书的最后一百页。但是,如果说瞿同祖和波洛克、梅特兰之间的差别明显,引致这种差别的原因却不明确。这是中国和西方社会之间长久以来的差别吗?还是说,这是中国和西方历史学家回望历史时的思维习惯使然?

在《中国法律与中国社会》中,瞿同祖开始处理"礼法"这个问题时答案清晰起来:以礼仪和内在修为实现社会规范,还是通过规则和惩戒实现社会规范。尽管关于这个题目的章节写于上世纪40年代,但当中处理的哲学论辩却早已持续了2000余年,任何一个受过教育的中国人都熟悉荀子与其学生韩非的辩论。在众多中国思想经典中,瞿同祖引用最多的是儒家五经之一的《礼记》,这是瞿同祖最能心领神会的一本书。相反,纵然梅特兰借用了古代西方各位大作家的名言和思想(例如奥古斯丁论犯罪意识),他的焦点也仅仅在于这些思想在后世的诠释。因此,梅特兰回溯的是一段客观历史,而瞿同祖则导向历史与现实的衔接。

如果说法规与刑罚构成了《中国法律与中国社会》的基础,那么对实用性和实际的腐败的重视则是《清代地方政府》的脉络。清代的中央政府委派的地方官员任期五年,五年过后便会被调职,这是为了不让地方势力坐大。中央政府甚至不分配资金让地方官员处理地区的行政事务。因此,地方官员必须就地筹饷,一方面为了缴纳繁重的中央税收,一方面用于维持社会秩序和修建基础设施。筹得的资金一部分是法规要求的要上缴的费用,一部分是原本明文禁止,但后来合法了的款项,最后一部分便是切切实实搜括回来的民脂民膏。由于地方官员实行轮转制,很多人都没有实在而持久的权力。因此,上行下效,地方官员的信差、文员甚至仆人都会狐假虎威,擅自充当官员和平民的中间人,疏通关系,借此收取酬劳。在专业的行政人员之中,有一小部分人的职务为地方官的幕僚,他们同时充当着地方官对外唯一的屏障。有见于这帮秘书能发挥的独特作用,很多乡试的举人都被招揽担当此职位,雇用私人秘书的地方官的数量更是多得惊人。此外还有传统以来手握地方权力并能恣意罔顾地方官威信的乡绅。他们有些人更会私下出售自己对地区的政治和经济统治权力,价高者得。

《中国法律与中国社会》中展示的都是极端严肃的事情。从这本书中我们得知,未能将父母从致命的工作事故中解救出来的孝顺孩子被砍头了。然而,《清代地方政府》呈现的世界却是荒诞的,因为就上述类型的案件来说,被告人能用钱买通目击者和地方的信差。又例如文员亦能收取贿款,在地方官细心审核过后发出的法律指控上做手脚（尤其在传抄的过程中）。同类例子不胜枚举。更甚的是，地方官亦试图捞好处，强行违规，目的也是为了筹集资金，令政府得以维持运作。如果此书本身未能完全辨明"腐败作为必要之恶"这趟浑水，那么其厚得能另开一本专书的注释——140页——便能提供更多的细节和光怪陆离的实例，以及探索学术界中的争议，甚至试图削弱和讽刺正文中的观点，毕竟瞿同祖在注释里的笔调没有正文那么严肃。这些注释令读者感到一种近乎恐惧的卑微，在一个能熟读如此繁多文本的学者面前。事实上，人们会问这般对历史的掌握，事实上能否真的由一个人完成，或者这些注释本身是否已经继承了一些评注的古老传统。

值得庆幸的是，官场的黑暗在吴敬梓所著的《儒林外史》这部令人啼笑皆非的虚构作品里终于展露在太阳之下。在这部讽刺小说中，读书人和官员皆沦为作者的笑柄，讽刺的力度在作者对一连串贿赂和骗局巨细无遗的描绘中尤其被突显出来。作者笔下为数不多正义的角色都是微不足道的小人物，他们只能靠着不同流合污这折中的方法才能明哲保身。《儒林外史》的内容响应了瞿同祖两书描写的社会现实。这不禁使人追问，究竟有多少官员的管治工作曾经获得过成功；这样腐败的制度机器居然能运转这么多个世纪，亦使人十分不解。

瞿同祖两书带出的矛盾令读者震惊，不论是表象与现实、法治与人治、尊严与腐败，还是理性与非理性之间的矛盾。然而，从字面意义理解这个矛盾却是一个重大的错误，这种矛盾反而印证了瞿同祖——甚至早其百年的吴敬梓——所讨论的社会环境的组成方式，有别于一般欧亚大陆的文明体。或者可以说，这在中国人心中从来并非矛盾。在西方人的眼中，这可能只是纯粹无法传译的一种东西，是真正的文化差异。

有人质疑瞿同祖所展现的中国社会现实的真确性，因为在瞿同祖的历史叙述中，读者从未感受到一种历史的发展，所谓的"传统中国"在《中国法律与中国社会》中就像一个永恒的时代，不知不觉就存于中国人心里。尽管瞿同祖详尽地解释了不同朝代中不同的法律规则和应用，但这种历史差异却从未被深入展开。同时书中亦不存有一个对于早期中国向之后的中国过渡的叙述，更遑论提出引致这种社会进程的底层因素。因此，瞿同祖的研究呈现了一种中国传统社会的永恒性，如同马林诺夫斯基民族志里的原始部落一般。蒙古族与满族的入侵、周而复始的饥荒与革命、偶尔的军阀割据、释道二家与民间宗教、秘密会社的此兴彼衰等，都被掩盖于"传统中国"这个单薄的词语背后（比如关于外族统治之下的民族之差异仅用了五页进行叙述）。中国社会的核心由五种元素组成：家统血统、婚姻、礼节、严肃的社会分层和巫术。当然这些古老的题目早被不同的文化经典详尽剖析过，如《易经》《礼记》《大学》等。

因此，瞿同祖的这两部著作要求读者不是翻看"历史"，而是真切地感受中国过去两千年的时光。这与那些接受西方历史学训练的海归历史学家所创立的一种以西洋视角为基底的独特的中国历史流派，形成了鲜明的对比。在这种西洋化的中国历史中，一切古老而恒常的事物都变成了历史主义的解读，而过往平稳的几个世纪都被有目的地诠释为对现代社会的过渡。很多关键性的历史和革命事件都被纳入对中国历史的最新理解里，仿佛这一切都受神秘力量推动着。同样的情况亦发生在西方的社会史研究中，大量的二手文献突然涌现，不断解释这些神秘力量从何时出现，这些原本微不足道的历史支流从何时汇入现今世纪的大江大海之中。

阅读瞿同祖的历史研究感觉像阅读一个只在表面被西方化的历史学家，他仍然通过恒定的视角观看世界，描述古典时代的中国。的确，对于瞿同祖的人生经历而言，他深深明白一切都在1911年彻底改变了；但是对自己祖父给予自己的文化培养而言，瞿同祖同时意识到，尽管世界一直在变，但1911年前的中国社会在某种意义上却一直未改。阅读瞿同祖的历史研究时，作者为读者留下了一个问题：恒定是处于历史事件本身，还是在我们的心中？人们经常说，历史主义是西方学术界的宗教。阅读瞿同祖的作品就是在选择你是否要进入那座教堂。

第八章　陈达与南洋[*]

继萨米恩托（Sarmiento）笔下《法昆多》（*Facundo*）中精英们的英雄壮举之后，我们来到普通人的英雄时代。陈达先生记述了数百万普通中国人向南迁徙的经历：从内陆省份到福建和广东的沿海地区，再到南洋——那些从中国向南呈弧线排列至澳洲的岛屿和海岸，再到更遥远的大陆：夏威夷，德兰士瓦，甚至法国。在第一本书中，他先审视中国，接着放眼每个主要的移民接收地的社会。在第二本书中，他研究了依赖移民劳工工资支撑的侨汇社区。第一本书提供了粗略的描述、大范围的数据资料以及悠久的历史。第二本书则更为真切，其中不乏如家常般的描述性统计、日常琐事的简要案例研究，还有短小的人生故事。这两本书共同成就了20世纪最伟大的移民研究之一。即使托马斯（Thomas）和兹纳涅茨基（Znaniecki）在久负

---

[*] 本文发表于 *American Journal of Sociology*, vol.117, No.3（November 2011），pp.1022-1027，王桐译。评论了陈达的两本书，第一本书是《中国移民》（*Chinese Migrations, with Special Reference to Labor Conditions*），第二本书是《移民社区》（*Emigrant Communities in South China*）。

盛名的经典著作《身处欧美的波兰农民》(*The Polish Peasant*)中更真切地描述了移民群体的社会心理并建立了相关理论，其中依然缺少陈达先生著作中系统性的人口统计和组织性的视角。

1892年，陈达出生于杭州东北部余杭的一个农民家庭。接受了最初几年的传统教育后，他从清末改制后的学校脱颖而出，于1912年进入清华学堂，并考取庚子赔款奖学金的留美预备班。1916年，他进入位于俄勒冈州波特兰的里德学院（Reed College）就读，在此期间师从毕业于哥伦比亚大学的社会学家威廉·菲尔丁·奥格本（W. F. Ogburn）。奥格本返回哥大任教时带上了陈达，随后，年轻的陈达分别于1920年和1923年在哥大获得硕士与博士学位。陈达的博士论文，即《中国移民》，正如当时大多数的美国学位论文一样，收录在一个专题论文集内出版，而该文集隶属于美国劳工统计局。回国后，陈达出任清华学堂教授，此后不久，清华即从预科学院改为独立大学。此后十多年，陈达的学术生涯和他人并无二致，参与教学、研究和会议。1934年，陈达出版了他的人口学讲义，并随后对移民出发地社区进行了调研，该项目形成了本文评论的第二本书。然而，在这本书的英文版趋近完成之时，日本人入侵了北平，陈达随即与他的同事一同前往长沙，然后迁往昆明。

陈达作为西南联大（一所联合了北京大学、南开大学和清

第八章 陈达与南洋

华大学南迁部分的战时大学）国情普查研究所的所长，对周边地区进行了系统的人口学研究。1946年出版的《现代中国人口》一书发表了这项研究成果。陈达在战后当选为中央研究院院长（中华民国政府的荣誉学术机关），随后在中华人民共和国成立初期销声匿迹。1951年，他失去了清华的教职，在20世纪50年代的大部分时间任职于劳动学院，并兼任与经济相关的职务。这其实不足为奇。1952年，社会学的大多数分支都受到压制，直到20世纪70年代末，占据着主导地位的都是一套专门的马克思主义社会学。尽管一些实地调查仍在继续，但中国的社会学正趋向于一种大众化且业余的研究方式，其巅峰之作就是四史运动——由国家资助的地方历史项目，这不禁让人想起20世纪30年代美国公共事业振兴署的工作。

然而，陈达曾在"百花运动"时期短暂地重新出现在公众视野里。1957年，他和其他数名社会学家联名发声争取社会学的复兴，他们大多和陈达一样受过西方学术训练。但此举失败了，陈达也被打成右派。尽管这个处分在1961年被撤销，但那时陈达已经年近七旬，其学术生涯已近尾声。1975年，陈达去世。

《中国移民》的开篇介绍了广东、福建、山东、芝林等中国主要迁出地的情况，并对移民贸易的三个阶段进行了简要论述，即偷渡形式（junk）的非正式移民、通过移民公司中介安排的移民，以及政府资助的移民。这些章节主要将移民追溯至人口过剩和饥荒这两个推动因素，以及沿海地区的结构性因素。而考虑到多数移民行为都以正式的体力劳动合约为基础，因此移民群体以年轻人为主是理所应当的。

随后的章节讨论了主要的海外移民迁入地（暂用目前的行政地区名）：从台湾（200多万名来自大陆移民的定居地）到印度尼西亚（其中有单独的章节讨论爪哇岛、邦加岛、勿里洞岛和婆罗洲岛）、马来西亚、菲律宾、夏威夷、德兰士瓦以及法国。其中描述了上述每一个目的地基本的移民历史以及当时的生活和劳动条件，并基于数据进行了大量的专业分析：印度尼西亚移民的跨种族通婚，马来西亚的自筹资金和基于奴役关系的移民，菲律宾语言法律对于移民的冲击，美国吞并夏威夷后对于移民的影响，移民在德兰士瓦的犯罪行为以及移民在法国的地理分布。这些详细的分析多少显得有些武断，但其实取决于相关可用文献的数量：这是一项根据已出版资料完成的第二手研究。其中包括了汉语、英语、荷兰语、法语、德语、西班牙语和日语的参考文献，这表明陈达一定是一位杰出的语言学家：即使是他来到美国仅三年后在里德学院完成的本科毕业论文，也是用流利且时髦的英语写成的。

有几个话题贯穿大部分针对特殊区域的章节。例如，异族通婚的主题是较为普遍的。这个现象在中国人进入商贾阶级的

第八章 陈达与南洋

社区时最为显著,而在那些留在大农场和种植园里与世隔离的劳工当中则不然。当然,正如陈达所指出的,跨种族通婚是由移民人口中数量居多的年轻单身男子所导致的。在类似夏威夷的地方,西方白人属于少数民族,而移民群体数量众多、种族繁多,异族通婚确实非常普遍。

另一个普遍的主题是劳动条件,而劳动条件的差异在很大程度上取决于管辖接收社区的地方政府和帝国政府的态度。尤其是,许多政府禁止中国人获得土地所有权,这一政策迫使中国人成为商人或者从事其他商业活动,并且促使他们高度依赖语言上的同化。(正如陈达所指出的,这也使他们成为西方帝国主义扩张过程中关键的中间人。)这种被迫的商业活动也鼓励了通婚,因为当地新娘能提供语言技能、文化知识和人际关系,这对中国商人至关重要。

如果说《中国移民》展示了海外华人的大千世界,那么《移民社区》则反映了这种大规模人口流动对其源头社区的影响。不同于前一本书对于二手资料评述的依赖,《移民社区》是一项大规模的民族志研究,在陈达的总体指导下,多名研究人员在几个社区从事专门的研究。其章节列表遵循一个熟悉的设计,与陈达的导师奥格本所著的《米德尔敦》(*Middletown*)和《社会趋势》(*Social Trends*)相似,从设想的既定背景因素(环境和种族;文化特征)开篇,然后介绍历史与社会的变迁,再讨论社区生活的基本方面(生计；食物，衣服和住所；家庭；教育；健康和生活习惯；社会组织和企业；宗教)。除了对三个外移程度较高的社区进行研究外，陈达还研究了附近一个外移程度较低的社区。可见，陈达进行了缜密、详尽的比较研究。

这本著作中的实证细节非常丰富。例如，书中详尽描述了海外移民的汇款是如何以复杂的方式汇回家乡的。海外社区出现了一些汇款代理人，他们将数笔汇款(尤其来自那些没有其他汇款渠道的普通劳工和小商人)集中起来，直到达到一笔可投资的数字。(当然，这些代理人将这些临时资产产生的全部利益收入囊中。)一旦达到这一数字，代理人就随即购买货物，这些货物可以被运往中国，在中国出售(以事先未确定的价格出售，因而价格很容易受汇率、需求变动等影响)时的分红被代理人兑换成货币平分给每个相关的"故乡"家庭。在那里，钱又被当地的户主按需要分配给个人，正如我们在有关家庭的章节中所知，户主经常是男性户主名义上的正房妻子。而这位男性户主可能正是那位身居海外的家庭成员，他赚取汇款并养活他在移居地的另一位妻子。正如我之前提到的，这另一位妻子往往属于移居地的种族和国籍，因而能为他提供语言帮助及当地关系，她通常也和自己的中国丈夫生儿育女。在这种情况下，身在海外的户主两年、五年甚至十年或更多年都不曾回过中国。这个故事清楚地表明，试图估算汇款的总额既不切实际，

第八章 陈达与南洋

从一般意义上讲也没有太大的意义,因为汇款的总数由于物价和转移费用的变化而不断波动。但是,人们可以关注这个过程中特定的一点,正如陈达所做的:他查看了三个原移出地的100个家庭的详细预算,发现家庭收入中约80%的部分来自汇款,而这个数字很可能由于受税收影响而被低估。因此,原移出地社区实际上完全依靠海外汇款的支撑。事实上,典型的移出地村庄生产的大米只能维持四个月的生计,而这正是当地主要的口粮作物。

此书对于后来移民研究中常见的其他话题已经进行了详尽的讨论。对于家庭的忠诚以及落叶归根的夙愿导致许多移民返乡(尽管他们海外婚姻的孩子只有男孩随其归来,因为带回的女孩不能在家乡结婚)。海归带回的金钱和新的态度改变了整个社区:来自上海的新式紧身衣服,刀叉的使用,对更加多样化和更丰富食物的渴望。他们的资本抬高了房价和其他物价。(所有这些效应在他们返乡之前同样可见,由流向他们家庭分支的大量资金所导致。)有着悠久历史的一夫多妻制度吸收了许多由移民产生的复杂的婚姻形式,尽管我们不禁怀疑,这支全部由男性组成的调查研究组可能没有被告知这个问题的细节,正如他们没有被告知所有有关收入的细节一样。

移民对家乡的教育事业进行了大量的投资,无论是资助他们的家人,还是为家乡的整个村子投资——如果他们很成功。

然而，他们也可以在其移居地社区投入大量资金，用于创建教育机构。事实上，与海外帝国政府的接触往往使移民们不太愿意资助家乡纯粹的宗族机构，而更倾向于创建他们自己概念中的"公共"机构。（一些单氏族村落的移民起始地社区则表现出了明显的差异。）逐渐脱离宗族机构的过程在宗教行为中同样有着明显的体现；宗族的祠堂有时会以从前被认为不敬的方式而改变用途。从某种程度上，这反映了宗族祠堂作为一种机构在海外地区的演变，其中祠堂必定是体现中国社区团结精神的一般性机构。

陈达的著作描绘了一个充满活力的全球社区。在他研究的中国地区中，很大一部分适龄劳动人口都身居海外。人口、金钱、义务，以及新的理念和实践的稳定流动，将广东和福建的主要移民地区与南洋（字面意思为"南方的海洋"）的广袤世界捆绑在一起。尽管这个群体中大多是平凡而普通的人，但这个迁徙的世界仍然充满了英雄主义与背叛、永恒与变化、爱与痛苦。陈达的第一本书描绘了整体移民现象的壮观规模，第二本书则提供了近百个真切的细节，让我们看到这幅壮丽的图景中反映的一出出个人层面的悲喜剧。

但这也是一个充满剧烈文化碰撞的世界，我们只通过中国移民的视角观察这些碰撞的另一边——帝国主义者和当地居民。除了偶尔的概貌之外，我们无法了解当地居民对于华人、

第八章 陈达与南洋

异族通婚以及中国人在商业中的主导地位等一系列事物的反应。我们听不到帝国议会关于中国移民地位的争论，那些关于他们通常称之为中国"问题"的争论。我们确实看到了那些限制移民活动的法令，但是缺少这些地区和帝国颁布法令的逻辑。当然，这种局限性是不可避免的。没有一本甚至几本书能捕捉一个完整的社会世界，因为任何一本好书都是从特定的观点出发，而这样的观点总是有局限性的。因此，移民对于东道国的影响必将成为读者关注的下一个问题。

篇幅的限制的确造成了显著的问题，然而更为突出的问题则源于时间的讽刺意味。如今的读者知道，那个庞大的移民世界彼时即将被战争和革命所笼罩。日本将征服亚洲海岸线，从中国的首都一直到新加坡的帝国前哨。四年间，南洋上空回响着轰炸机和战列舰的轰鸣，日本人顽强地抵抗着美国排山倒海般的攻势。而遍及中国各个角落的则是陆地战争：军阀之间，中国与日本之间，共产党和国民党之间。这一切以1949年共产党的胜利而告终。然而，在此过程中，那些移民群体一定也继续着他们的生活，试图找到一种生活方式——我们可以猜测，或许他们在种种遁词和安排下继续着一成不变的生活方式。到了21世纪之交，陈达所研究的移民起始地无疑已经重新放眼外面的世界，文化、金钱和宗族关系将其与整个南洋和更远地区的华人社区牢牢地捆绑在一起。侨汇社区很常见，而曾作为就业形式备选的农业几乎已经完全消失。

我们该如何调和这两种历史观？历史真的是充斥着大事件——冲突、战争、社会革命、时代——的故事吗？或者是贯穿于这些大事件的那些血脉相连的故事？归根结底，许多人都经历了冲突、战争和社会革命，陈达的一生就是如此。他的《浪迹十年》（讲述他从1936年到1946年的人生经历）事实上是他再版次数最多的一本书。

对于这一庞大的谜团，即如何调和伟人与大众的历史，陈达本人没有给出直接的答案，然而他的间接回答是明确的。他的著作宣扬了普通人的英雄主义，他们的日常生活将血脉交织在重大的历史变迁之中，而这些历史性变化恰恰是由他们和无数其他人种种惊人而错综复杂的经历所创造的。理解这些复杂性，而同时不忽略创造它们的日常生活，才是一项真正属于历史社会学的任务。陈达的著作和他的一生都十分明确地向我们传达了这一事实。

第九章　费孝通的两村[*]

费孝通出生于清朝末年。在他的有生之年，中国历经了革命、战争和外敌侵略，见证了帝制、共和制以及民族主义和共产主义的国家体制。到他临终时，中国已历经过一次又一次的变革，而他自己的人生也经历了种种变故。无论对于个人还是国家而言，我们应该看到的是前后的一致还是差异呢？

至少就费孝通而言，大多数读者看到的是差异。在他们看来，早年的费孝通是一位深受西方影响并致力于乡村研究的学者，第二个费孝通不得不适应新中国的变革而从事通俗写作，第三个费孝通则是一位资深的政治活动家，使社会学在1978年后的中国重获新生。但费孝通本人看到的却是一段连贯的发展历程，而不是一个个片段。因此在阅读费孝通的作品时，我们必须兼顾这些近乎矛盾的观点。

---

[*] 本文发表于 *American Journal of Sociology*, vol.118, No.4（January 2013），pp.1153—1160，王桐译。评论了费孝通的两部著作：《江村经济》（*Peasant Life in China*），以及《云南三村》（*Earthbound China*）。

由于语言的限制，我们只能了解早年的费孝通，上文提及的兼顾则因此变得尤为困难。正如笔者所说，评论家必须严谨缜密，因此他们只参阅那些以某些语言发表的文章（英文、法文以及部分西班牙语）。否则，他们必须依靠翻译。费孝通1945年后就鲜有英文作品问世，而他后来的著作仅有少数被译成英文。尽管只能阅读其早年受西方学术影响完成的著作，但我们对他的理解不应因此受到制约。这些书目仅仅是他整个学术生涯和生活的一部分。

1910年11月2日，费孝通出生于中国沿海位于苏州南部的吴江。他的族人多属当地的小乡绅阶层：小地主，职位较低的官员，以及数量不菲的教师。费孝通就读当地的中小学之后升入东吴大学（现苏州大学），后转入燕京大学——北京最好的教会大学。费孝通师从受美国学术训练的吴文藻先生，很早就选择攻读社会科学。他也深受史洛克格罗夫（史禄国）、罗伯特·E. 帕克等外国学者的影响。

1935年，费孝通与王同惠结为伉俪，随后二人前往广西研究当地的瑶族。由于在瑶山迷路，费孝通不幸陷入捕虎陷阱并身受重伤，而他的新娘则死在了为他求助的路上。经过了一段痛苦的恢复期，费孝通在离家乡不远的开弦弓村进行了为期两个月的实地考察，他的姐姐是当地生丝合作社的推广专员。经吴文藻先生的引荐，他随后到伦敦政经学院进行为期两年的

第九章 费孝通的两村

进修,师从晚年逐渐倾向功能论的人类学家马林诺夫斯基。费孝通根据开弦弓村的田野调查完成了他的学位论文,并最终著成《江村经济》一书。这本书在费孝通1939年回国后出版,他以此书纪念发妻王同惠。

随着日本发动对华侵略,北京的社会学家迁至云南西南部的昆明,而费孝通很快成为了教授、系主任,并负责数个研究项目。一部跨越三个村落的比较性民族志为1945年出版的《云南三村》奠定了基础——费孝通考察了一个村落,而他的学生张之毅考察了另外两个村。受美国国务院的资助,费孝通于1943—1944年间访问美国。在他看来,美国是一个积极并有创造力的国家,尽管它同时也无情而冷酷。

20世纪40年代末,费孝通一面积极开展学术研究,一面进行大量的通俗写作,并在中国民盟任职,从事政治活动。他在昆明侥幸逃脱了国民党的暗杀,随后再次远渡重洋造访英国,观察战后社会主义的兴起。正如大多数中国学者和知识分子,费孝通面临着革命后的思想改造,接受了中国共产党早期形成的学习和小组讨论。与此同时,社会学被取缔了。这不仅因为苏联断言马克思列宁主义社会不需要社会学,而且因为党内对非共产党的社会学体系的政治观点持怀疑态度。费孝通的事业也与他的既定方向脱轨了,其工作重心被转移到少数民族事务。尽管他的部分公职被保留,但发表的作品少之又少。"百花运动"

期间，费孝通由于为社会学的重建据理力争而被打成右派。他公开做了长篇的自我检讨。在整个20世纪60年代，他几乎销声匿迹，并在60年代末期经历了两年的劳动改造。然而，到了70年代末，社会学在费孝通的主导下得以重建，而他作为法官出现在审判四人帮的法庭上则标志着其个人地位的回归。费孝通作为中国社会学的领袖结束了自己的学术生涯，特别以其对"中华民族"概念的论述而闻名，并曾当选第七届全国人大常委会副委员长。他于2005年与世长辞。

《江村经济》记述了费孝通1936年在开弦弓村为期两个月实地调查的结果。其中的章节列举了20世纪早期人类学的经典话题：家、财产、亲属关系的扩展、户与村、生活、职业分化、劳作日程、农业、土地的占有、蚕丝业、贸易和资金。最后一章则针对中国的土地问题进行了激昂的论述。这本书是用英文写成的，并且按照费孝通的要求于1963年停止了英文出版及出售。不过，它在"二战"期间两次被译成日语，并最终在社会学得以重建之后被译成了汉语。

正如马林诺夫斯基的引言所强调的，这本书的重要性在于其翔实的描述和丰富的细节。我们从中得知了小媳妇婚姻（在其他地区被称为童养媳），即夫妻把一个女孩作为儿子的媳妇从小抚养到大，以避免结婚时需准备昂贵的礼物和仪式。书中谈及逝者要被供奉五代（五代后，棺材及其内部物品即从祖坟

第九章 费孝通的两村

移出给后人让出地方);三种当地的历法(西历、阴历和阳历)之间存在着极为复杂的联系,以至于当地人必须买一本"小红册"来正确履行他们的传统。虽然民国政府为了实行西历已经将这本册子定为非法出版物,但村民依旧购买非法印制的版本。诸如此类的意想不到的结果阻碍了国民党其他政策的实施。规定男女具有平等继承权的法律仅仅导致了土地所有权以前所未有的速度被分散。保甲制度(作为一种管理结构和反共动员的手段)的重新施行由于与当地既存的社会结构毫不相关而注定失败。

尽管我们了解这些和很多其他有意思的事实,这个村子依旧不能与马林诺夫斯基学说的功能论完全契合。诚然,从表象上看,这里确实存在着"正常运转"的乡村生活,但村落所受到的来自民国政府以及国际市场的冲击影响了乡村生活诸多的限定因素。这本书继续在历史背景中提出它的问题,而当书中的讨论进行到农业、土地占有以及工业时,我们看到了一个全新的、完全置于其历史时间和地点的村落生活。

尽管村落的稻田面积很大,但村民们不能仅以农业为生。堕胎和杀婴在一定程度上控制了当地的人口,但遗产的分割注定了即使是那些拥有大量家产和众多子女的家庭也将不可避免地滑回到贫困的均值。过去,当地丝绸业提供了必要的补充收入,但由于世界范围的经济萧条以及与高质量、低价格的日本丝绸进行竞争,该产业当时已经濒临瓦解。丝绸和大米价格的浮动常常导致村民无法支付税款和其他需定期上交的各种费用。他们必须求助于高利贷者(当地高利贷者是"Sze,剥皮者";第279页),而由于每月的利率超过50%,他们很快就丧失了土地。地主所有制因此迅速蔓延,而村庄则陷入绝对的贫困。以合作工厂的形式进行丝绸工业的改革似乎是解决问题的唯一出路,但这也带来了出人意料的后果:许多妇女失业再随后外迁,以及由于许诺的利益久未兑现而产生的普遍性的失望。

像毛泽东、梁漱溟和许多其他人一样,费孝通认为农村问题是中国的核心问题,这本书以相同的断言开篇并收尾:农村饥荒的问题如此之大,以至于它在当前形势下将不可避免地导致革命。但费孝通有一种杜威哲学式的信念,即信息足以产生变化:

> 对人民的实际状况进行系统的陈述,将使国家明白那些恢复群众生活所必需的政策已经迫在眉睫。这不再是哲学思考和推断的问题,更不用说是思想流派之间的争论了。我们真正需要的是基于可靠信息的常识性的判断。(第5页)

这是进步主义和费边主义的信条,其影响在书中的用词里

第九章 费孝通的两村

清楚地体现,如"形势的定义","缺乏调整",等等。当费孝通在20世纪50年代遭受批判时,他自我检讨中的一句话道出了问题的关键:"我试图说明单纯地谴责土地所有者或甚至是高利贷者为邪恶的人是不对的。当农村需要借钱来供给他们生产资金时,除非有一个较好的信贷系统可供农民借贷,否则地主和高利贷的出现是必然的。"(第284页)

这是一本无情地批判当时事态的书,而批评家们从书中挑出这句话也许是不公正的,但他们却因此指出了芝加哥和英国功能学派的后进步主义社会学的中心问题。虽然艰苦的民族志工作使这些学者得以戳穿并批判殖民主义和其他统治形式的某些虔诚的思想,但他们的分析缺乏对行为的解释。芝加哥学派的生态隐喻和功能主义者的系统抽象也许"解释"了许多社会行为,但这使得它们的实践者倾向于将这些行为视为"自然的",而事实上它们在很大程度上是由人类活动塑造的。

《云南三村》比《江村经济》复杂得多。这本书的比较性设计旨在明确地揭示《江村经济》一书中隐含的动态。这本书研究了三个村庄,其中一个有小工业而没有地主所有制,一个有发达的农村工业,另一个则是与当地城市中心相邻并受其影响的混合类型。费孝通负责整个研究的方案设计、结论以及第一个村落的调研。

费孝通的前一本书(《江村经济》)依托于较为单薄的事实

依据：仅两个月的调研工作以及对某些关键的且很可能来自精英阶层受访者的过分依赖。但是在《云南三村》中，费孝通所著的篇章（对禄村的研究和结论）表现了对于数据更为审慎的筛选以及更多的第一手资料：引文、预算等。书中再次囊括了很多有趣的细节，特别是精心策划的集体性的放慢种植以及其他农业工作，以缓和劳动力需求。他发现了一个极小的、过着勉强糊口生活的闲暇阶层。这个阶层全部由男性组成，因为妇女被简单地视为农场劳动者："[男性的闲暇]是通过家中妇女的劳动减少小农场的劳动力成本而实现的。"（第74页）这幅闲暇阶层的画像以及其愿意以明显的享受为代价换取无所事事的心态着实令人难以忘怀："如果我在田里干活，这只会节省我们30分钱（相当于雇一个劳动力）。如果我明天不抽（鸦片），我们将节省同样的数目。所以我不会下地干活。"（第82页）

起初，禄村似乎对那些更大的改变着开弦弓村的强大社会因素具有某种免疫力，尽管其基本条件与开弦弓村相差无几：可分割的遗产和人口的过剩注定了任何家庭都将随着时间推移沦为赤贫（这甚至包括那些在城里事业成功的返乡者，而开弦弓村没有这种人）。可是这种机制在禄村并不存在；地主阶级没有在这里迅速出现。然而，人口的外移正在造成严重的劳动力短缺和随之而来急剧的调整。更重要的是，读者渐渐明白（费孝通仅仅一笔带过），禄村不久前失去了其基本的经济作物（以

第九章 费孝通的两村

及享乐的来源):"在种植鸦片被定为非法前,禄村曾出产质量极好的鸦片,因此村里人使用毒品不需要花钱。"(第104页)即使费孝通的计算夸大了两倍,村里38个瘾君子花费的金额也相当于该村生产的全部水稻现金价值的20%。通过农业结构的持续调整以适应外界的法律变化,这才是禄村即将到来的变革背后真正的动力。

相比《江村经济》,《云南三村》更能捕捉社会科学客观性的两难境地。一方面,我们能主观地感知一个未知的世界,那个世界里的人们过着与我们截然不同的生活,并以一种熟悉的、坚忍不拔的方式活着。另一方面,那个世界存在着不同程度的剥削和麻木不仁。当妇女在田里干活时,丈夫则在吸食鸦片。穷人家吃晚饭时屋顶塌了下来。穷困潦倒的劳工的尸体被扔去喂狗。人们能明白,为什么有些革命者对一个能够眼睁睁看着这一切而丝毫不被激化或感到愤慨的研究者没什么耐心。

诚然,费孝通的结论是相当激进的。他描绘了导致财富集中的诸多因素,指出了权力和暴力对于这种财富的集中起到的关键作用,与之并行的有市场因素、遗产继承的实际运作以及维持着农民贫困惯例的杂税费用。他提出了一个补救办法:农村合作产业(rural cooperative industry)。然而,在这一切中,他遵循了一个社会科学的工程模型:"我们坚信科学知识应该帮助改善人民的生活,并指导我们未来的行动。"(第313

页）曼海姆认为，对于一群有见识的公众来说，社会科学家是深思熟虑的导师，费孝通引用了曼海姆的话："直到每一个普通人都能采纳理性的社会分析的概念和结论，以取代那些目前仍然决定他思考人类事务的神秘法则，否则不可能有有效的民主。"（第313页；引自曼海姆，《时代诊断》[London: K. Paul, Trench and Trubner]，1943，第5页）

但费孝通的补救方法缺乏有效的实施方式，他实地调查的研究结果也难以支撑该方法的观点。此外，对于有思想的大众而言，这一观念无论在当时还是后来听起来都高尚却幼稚。与此相反，共产党人从一个前提出发，那就是当时的情况在道德和政治上都是错误的；他们根据这一前提以及另外几种神奇法则推断出了一套对于农民生活的分析，以此发动了整个农民阶级，并指挥了一个有战斗能力的党派，在40年之后彻底改变了中国。地主和高利贷者仅仅是宏观社会因素的自然结果，这一观点在他们看来无疑是荒谬可笑的。如果我们相信社会生活是自然而无法控制的，那么它就会如此；否则它就不会如此。

那么，我们应当如何审视费孝通的一生和他的思想呢？对于一个西方自由主义者来说，这是个关于压迫的故事。费孝通以一位标准西方学者的身份开始了自己的学术生涯并做出了杰出的工作。尽管他快速地左倾，但是这在共产党看来还远远不够，因而最终他被迫公开放弃自己的观点。经历了多年的默默

第九章 费孝通的两村

无闻后,费孝通在20世纪70年代末重新出现,并承认了同自己早年著作的部分延续性,但他在很大程度上将它们否定为不够"实用",而在许多人看来他指的是它们"在当下的官方立场中不够政治正确"。相比之下,从1980年后费孝通经过翻译的谈话中,我们可以看出他本人回首往事的视角,而这一视角正侧重于他早期著作的缺陷:缺乏对主观自由意志的任何分析以及其中规范性和政治性论点总体上的不足。他毫不隐讳地抛弃了所谓的工程模式以及其独立的专家,并且坚信学术研究是改革过程的一部分,而不应该孤立存在于这一过程之外。这是马克思主义关于理论和实践的经典立场,但它也遵循这样的观念:社会的进程是价值观的进程,因此社会科学要做到完全不受主观价值的影响,这不但是困难的,从逻辑上来说也是根本不可能的。

撇开政治波及的幅度暂时不谈,就单纯的思想史而言,费孝通与其他西方学者有没有本质上的区别?政治的大潮也席卷了西方。在20世纪的进程中,不少著名的杰出学者都曾为马克思主义、法西斯主义、新自由主义等各种政治思潮回船转舵。1890年至1910年间美国的经济学界对于资本主义批判者的肃清正如20世纪50年代初中国学术界对于社会学家的肃清一样,诚然,尽管美国人不过是把过于激进的经济学家赶到更为温和且与学术界无关的"西伯利亚荒原",而颇具讽刺意味的是,他们恰恰是被贬至那势单力薄且几乎可以忽略不计的社会学系任职。

但是这涉及一个更为广泛的问题。人应当活在一种高度一致且积极进取的生活中，这只是一个特定群体在一类特定社会中所拥有的人格理想——在19世纪的西方社会中，精英们拥有足够的能力和条件去展望乃至有时能够去实现这一理想。在世界的许多地方，一个人在漫长的一生中扮演着许多不同的自我，甚至在同一段生命历程中的不同间隔中亦是如此，这不仅是可以接受的，而且是正常的。这种"一致而进取"的人格理想的确在世界的许多角落都能引起共鸣，但许多社会也承认甚至看重那种充斥着复杂和不一致的生活：背叛和皈依，分工和一心多用。一个人的"口是心非"对于另一个人来说不过是"适度的调整"。只有在正式的人物传记中，这些多个并相继出现的自我才能被合理化并整合为一个特定的、趋于进步的人生轨迹。

费孝通在20世纪50年代及之后都曾抗议他的西方朋友替他发声的行为。在回应卡尔·魏特夫对《中国士绅》的评论时，费孝通写道："魏特夫的策略相当卑鄙。他试图将我置于一种很难为自己辩护的境地。如果我写些什么来反驳他，他可以说我没有言论自由，缺乏道德意志。更糟糕的是，他不仅编造谣言和指控，还自称他比我自己更了解我内心的感受。"(《相遇》

第6卷，第2期［1956］，第69页）

但到了1980年，费孝通在接受马林诺夫斯基名誉奖时对听众说：

> 解放后，我受到了少数民族热烈的欢迎。他们对我很真诚，这让我感觉在和我的亲人交谈。这不过是因为我研究的人们知道我是来帮助他们解决问题，并让他们的梦想照进现实。因此，所谓"研究者"和"调查者"、"研究对象"或"被调查者"等术语便不再适用。事实上，双方在携手合力地观察并解释当下的社会现象。（《迈向人民的人类学》[北京：新世界出版社]，1981，第15页）

尽管他曾质疑魏特夫替他发声的权利，但费孝通本人在为中国少数民族发声时似乎并无顾虑，而他的言语则不时地向着一个可以被看作相当不祥的方向偏离。

> 我们试图从务实的角度出发去了解事物、研究理论，即为了少数民族开展社会改革提供科学、确凿的依据，为了提出对少数民族有利的建议……如果我能展望不太遥远的未来，这个宽泛的学术分支［人类学］的目的就是使大众充分了解他们所生活的社会，并按照既存的社会规律组

织他们的集体生活,并帮助满足他们日益增长的需求。(同上,第14、19页)

从一个角度来看,这是一张极权主义的蓝图。而换一个角度,这与美国学者约翰·杜威《公众及其问题》中的言论相差无几。的确,人们可以说这两篇不过是正式的声明,而区分费孝通和杜威的是"既存的社会规律""日益增长的需求""他们的梦想"和"少数民族的利益"等说法中假定的内容。不过,这些内容是极具争议的。

现代社会科学的重大见解之一,就是这种对差异和相似性的逆向思考是没有定论的。但正如所有的见解一样,它同样有着不可逃避的现实意义。对于社会生活单纯的观望是不存在的。无奈的是,我们都生活在其中。